summarium

Lateinische Kurzgrammatik

von Johannes Malms
zusammen mit Antje Hellwig
unter Mitwirkung von Hermann Steinthal

Ernst Klett Stuttgart

summarium

Lateinische Kurzgrammatik zu redde rationem und anderen Unterrichtswerken

von Johannes Malms
zusammen mit Dr. Antje Hellwig
unter Mitwirkung von Dr. Hermann Steinthal

unter Mitarbeit und Leitung der Verlagsredaktion Alte Sprachen
Leiter: Gerhard Grüder
Mitarbeit an diesem Buch: Dr. Eberhard Kulf, Verlagsredakteur

1. Auflage 1 5 4 3 2 1 | 1982 81 80 79 78

Alle Drucke dieser Auflage können im Unterricht nebeneinander benutzt werden. Die letzte Zahl bezeichnet das Jahr dieses Druckes.

Fotosatz: Ernst Klett, Stuttgart
Druck: Druckhaus Dörr, Ludwigsburg
ISBN 3-12-608700-0

Abkürzungsverzeichnis

Abl.	Ablativ
Abl. abs.	Ablativus absolutus
ACI	Akkusativ mit Infinitiv (accusativus cum infinitivo)
ACP	Akkusativ mit Partizip (accusativus cum participio)
Adj. (adj.)	Adjektiv (adjektivisch)
Adv.	Adverb
Advtv.	Adverbativ (Adverbial)
Akk.	Akkusativ
Akt. (akt.)	Aktiv (aktivisch)
Attr.	Attribut
Bed.	Bedeutung
Dat.	Dativ
Dep.	Deponens
Erg.	Ergänzung
Erw.	Erweiterung
f.	femininum
Fut.	Futur
Gen.	Genitiv
HS	übergeordneter Satz, Hauptsatz
Imp.	Imperativ
Impf.	Imperfekt
Ind.	Indikativ
indir.	indirekt
Inf.	Infinitiv
Kjtion.	Konjunktion
Konj.	Konjunktiv
a-, e-Konj.	a-, e-Konjugation
Konstr.	Konstruktion
Lat. (lat.)	Lateinisch (lateinisch)
m.	masculinum
n.	neutrum
NCI	Nominativ mit Infinitiv (nominativus cum infinitivo)
Nom.	Nominativ
NS	untergeordneter Satz, Nebensatz
O	Objekt (in den Tabellen 5.2.1. und 5.2.2.)
Obj.	Objekt
P.	Person
Part.	Partizip
Pass. (pass.)	Passiv (passivisch)
Perf.	Perfekt
PFA	Partizip Futur Aktiv
Pl.	Plural
Plqpf.	Plusquamperfekt
PPA	Partizip Präsens Aktiv
PPP	Partizip Perfekt Passiv
Präd.	Prädikat
Prädikatsn.	Prädikatsnomen
Prädtv.	Prädikativ
Präp.	Präposition
Präs.	Präsens
Pron. (pron.)	Pronomen (pronominal)
RP	Relativpronomen
RS	Relativsatz
S	Subjekt (in den Tabellen 5.2.1. und 5.2.2.)
semant.	semantisch
Sg.	Singular
Subj.	Subjekt
Subst.	Substantiv
Übers.	Übersetzung
~	nimmt das übergeordnete Stichwort auf (im Wort- und Sachverzeichnis)
⇒ ⇓	Ein Pfeil verweist auf die Fortsetzung der Darstellung auf der nächsten Seite (bei senkrechtem Pfeil in der entsprechenden Spalte).

Das „Fenster" im unterlegten Grauton hebt die jeweils behandelte grammatische Erscheinung hervor.

Inhalt

Vorwort

Die Kurzgrammatik „summarium" wurde im Anschluß an den Lehrgang **„redde rationem"** entwickelt: Zu diesem gibt sie gleichsam als Fortsetzung der in Arbeitsbuch 1 und 2 enthaltenen „Summae grammaticae" den grammatischen Überblick, der für die Arbeit an **Arbeitsbuch 3** notwendig ist; zugleich soll sie die Grundlage für alle weitere grammatische Arbeit sein und als **Nachschlagewerk** während der Lektüre dienen.
Diese Grammatik beschränkt sich daher nicht auf die im Lehrgang auftretenden Phänomene, sondern behandelt all die grammatischen Erscheinungen, die für die Lektüre notwendig sind, verzichtet aber auf die Behandlung von Spezialitäten einzelner Autoren und Unregelmäßigkeiten, die erfahrungsgemäß in Lektürekommentaren erklärt werden oder im Lexikon leicht aufgefunden werden können. Die Ausweitung über den Bestand von „redde rationem" hinaus erlaubt es, „summarium" auch zu anderen Unterrichtswerken einzusetzen, zumal die Terminologie in der Regel den derzeitigen Gepflogenheiten entspricht.

„summarium" dient vorwiegend praktischen Zwecken und ist daher in allen Bereichen so aufgebaut, daß die gesuchte Information schnell aufgefunden werden kann. Andererseits wird eine systematische Reflexion nicht abgeschnitten, sondern geradezu herausgefordert.
Das hat seinen Grund vor allem in dem zugrundeliegenden **grammatischen Modell** und seiner Darstellung: Die Grammatik ist ohne gezwungenen Schematismus orientiert an einem Dependenz-Modell, nach dem das Verb Angelpunkt des Satzes ist. Der Vorteil dieses Modells ist, daß die Formenvielfalt der in lateinischen Sätzen auftretenden Satzteile einschließlich der Nebensätze auf nur wenige Satzpositionen bzw. Funktionen zurückzuführen ist und die Syntax damit für den Schüler ein Höchstmaß an Durchsichtigkeit erhält. (Daß dieses Modell mit dem heute meistens im Deutschunterricht verwandten prinzipiell übereinstimmt, sei nur nebenbei erwähnt.)

Dem grammatischen Konzept entspricht der **Aufbau** von „summarium": Nach grundsätzlichen Darlegungen über das Zusammenwirken der grammatischen Ebenen **Wortart — Wortform — Funktion — Semantischer Wert,** über die Wortarten und nach der in gewohnter Weise dargebotenen Formenlehre wird in Kapitel 4 die Syntax unter dem Gesichtspunkt dargestellt, in welcher Form die einzelnen Satzpositionen/Funktionen besetzt werden können und welche semantischen Füllungen jeweils möglich sind; dabei werden schon hier die Nebensätze berücksichtigt. Dieses Kapitel, in das die sog. Kasuslehre integriert ist, stellt also eine Art Basissyntax dar.
Diese „Basissyntax" wird im nächsten Kapitel durch detaillierte Behandlung der Satzarten, Modi, Zeitenfolge etc. und die tabellarische Darstellung

der Nebensätze einschließlich der satzwertigen Konstruktionen, wie ACI und Ablativus absolutus, ergänzt. Gerade die **Nebensatztabellen,** die wie alle anderen Kapitel mit reichlichem Beispielmaterial versehen sind, sind ausgerichtet auf die Bedürfnisse des Schülers, der, von einem konkreten Satz ausgehend, Informationen sucht: Die Tabellen können unter verschiedenen Gesichtspunkten befragt werden: nach der den Nebensatz einleitenden Konjunktion, dem Modus des Nebensatzes, den Signalen in Haupt- und Nebensatz, nach Art bzw. Inhalt des Nebensatzes und schließlich nach seiner Funktion. Damit sind die verschiedenen Ansätze zur Systematisierung der Nebensätze in gleicher Weise berücksichtigt und nutzbar gemacht.

Die konsequent **funktionale Anlage** von „summarium" hat zur Folge, daß einzelne formal zusammenhängende Phänomene an verschiedenen Stellen und wiederholt behandelt werden (z. B. nd-Formen, Konjunktive, Bedeutung der Tempora usw.). Der Zusammenschau derartiger Phänomenbereiche und der Behandlung bestimmter Erscheinungen des Lateinischen, die bei der **Übersetzung** erfahrungsgemäß besondere Schwierigkeiten bereiten, ist das 6. Kapitel gewidmet.
Daß diese Grammatik auf der grundsätzlichen Erkenntnis aufbaut, daß grammatische Arbeit auch am Einzelelement immer vom **Kontext** auszugehen hat und sich auf ihn zurückbeziehen muß, tritt hier am deutlichsten zutage, liegt aber als Prinzip auch allen anderen Kapiteln zugrunde.

Die **Übersetzungen der Beispielsätze** sind nicht als Widerspiegelung der lateinischen Satzstruktur angelegt (der Erklärung der Struktur dienen die grammatischen Beschreibungen), sondern sind Übertragungen der lateinischen in deutsche Sprachform — dies als Beitrag zur Überwindung des bekannten Übersetzungsdeutsch.

Alle behandelten grammatischen Erscheinungen sind, wenn nicht gleich ihr systematischer Ort aufgesucht werden kann, über einen detaillierten **Index** leicht auffindbar.

1. Texte — Sätze — Wörter

1.1. Wenn wir einen Text in seiner Ganzheit begreifen wollen, können wir mit einer dreifachen Fragestellung an die sprachlichen Zeichen, aus denen der Text besteht, herangehen:

1.1.1. Wie sind die Zeichen miteinander kombiniert?
Das ist eine Frage der Grammatik, im engeren Sinne der **Syntax.**
Die funktionalen Verknüpfungen der einzelnen sprachlichen Zeichen im Lateinischen werden in den *Kapiteln 4 und 5* dargestellt. Sie füllen den Hauptteil dieses Buches.

1.1.2. Welche Inhalte werden durch diese Kombinationen ausgedrückt?
Damit betreten wir das Feld der **Semantik.**
In dieser Grammatik werden jedoch nicht die Inhalte einzelner Wörter, wie sie etwa im Lexikon verzeichnet sind, untersucht, sondern inhaltliche Verknüpfungen betrachtet, wie z. B.: Angabe eines Grundes, einer Folge, eines Besitzverhältnisses, Ausdruck eines Wunsches, eines Befehles.
Manche dieser allgemeinen Bedeutungen (wir sprechen von *semantischen Werten*) sind eng mit einzelnen Formenkategorien, z. B. Modus (s. u. 5.0.3.) oder Kasus (s. u. 4.0.1.) verbunden, andere ergeben sich erst aus der Zuordnung einzelner Zeichen zueinander und müssen daher aus dem Kontext heraus gedeutet werden. Dabei treten bisweilen Überschneidungen auf.

Die semantische Betrachtungsweise setzt in den *Kapiteln 4 und 5* vor allem dort ein, wo Veränderungen an den sprachlichen Zeichen Bedeutungsunterschiede bedingen oder wo äußerlich gleiche Kombinationsmöglichkeiten je nach ihrer Umgebung verschiedene Bedeutung haben. (Das trifft besonders auf die drei Arten von Erweiterungen: Adverbativ/Adverbial, Prädikativ, Attributiv zu.)

In *Kapitel 6* werden schließlich die Fälle betrachtet, in denen bei der Übertragung lateinischer Sprache besondere Überlegungen nötig sind, vor allem wenn Eigenheiten der lateinischen Sprache im Deutschen keine genauen Entsprechungen haben und daher anders zum Ausdruck gebracht werden müssen.

1.1.3. Die dritte Fragestellung: In welcher Weise haben die außersprachlichen Gegebenheiten eines Textes (z. B. sachlicher/historischer Hintergrund, soziale Stellung des Adressaten, Absicht des Sprechers/Autors) seine syntaktische und semantische Gestalt bedingt?
Man bezeichnet diesen Untersuchungsbereich als **Pragmatik.**
Da solche außersprachlichen Determinanten für jeden Text verschieden sind und über den jeweiligen Text hinausgreifen, wird die Pragmatik in diesem Heft nicht zum Thema gemacht.

1.2. Wortarten — Formen — Funktionen

1.2.1. Grundeinheiten eines Textes sind Sätze; Grundelemente der Sätze sind Wörter.
Wörter mit gemeinsamen Merkmalen werden zu **Wortarten** zusammengefaßt. Bei ihnen kann man zwei Gruppen unterscheiden:
a) Wörter, die ihrer **Form** nach *unveränderlich* sind,
b) Wörter, deren **Form** *veränderlich* ist je nach der Rolle, die sie im Satzganzen übernehmen.
Die Rollen der Wörter im Satz bezeichnet man als **Funktionen.**

Aus dieser Einteilung ergibt sich für die ersten Kapitel dieser Grammatik folgende Gliederung:
Kapitel 2: Wortarten
Kapitel 3: Formen
Kapitel 4: Funktionen

1.2.2. Beispiele für das Zusammenwirken von Wortart, Form, Funktion.

Ausgangssatz

	dum	Tarquinii	ea	verba	reputant
Wortart	Kon-junkt.	Substantiv	anaph. Pron.	Subst.	Verb
Form	(unv.)	Nom. Pl. m.	Akk. Pl. n.	Akk. Pl. n.	3. P. Pl. Präsens
Funktion *(ggf. semantischer Wert)*			Attr. zu **verba**		
		Subjekt zu **reputant**	Objekt zu **reputant**		Prädikat
	Adverbativ *(Zeit)* zu **cecidit** [untergeordneter Satz (Nebensatz)]				

1. Variante

	dum	Tarquinii	verba	quae	oraculum	responderat	reputant
Wortart	Kon-junkt.	Substantiv	Subst.	Rel.	Subst.	Verb	Verb
Form	(unv.)	Nom. Pl. m.	Akk. Pl. n.	Akk. Pl. n.	Nom. Sg. n.	3. P. Sg. Plqpf.	3. P. Pl. Präsens
Funktion *(ggf. semantischer Wert)*				Obj. zu **resp.**	Subj. zu **resp.**	Prädikat	
				Attribut zu **verba** [Relativsatz]			
		Subjekt zu **reputant**	Objekt zu **reputant**				Prädikat
	Adverbativ *(Zeit)* zu **cecidit** [untergeordneter Satz (Nebensatz)]						

2. Variante

	Tarquiniis	verba	oraculi	reputantibus
Wortart	Substantiv	Substantiv	Substantiv	Verb (Partiz.)
Form	Abl. Pl. m.	Akk. Pl. n.	Gen. Sg. n.	Abl. Pl. m Part. Präs Akt.
Funktion *(ggf. semantischer Wert)*			Attribut zu **verba** *(Possessiv)*	
	„Subjekt" zu **reputantibus**	Objekt zu **reputantibus**		Prädikativ zu **Tarquinii**
	Adverbativ *(Zeit)* zu **cecidit** [satzwertige Konstruktion: Ablativus absolutus]			

Brutus	per ¦ simulationem	subito	ad ¦ terram	cecidit.
Subst.	Präp. ¦ Substantiv	Adverb	Präp. ¦ Subst.	Verb
Nom. Sg. m.	(unv.) ¦ Akk. Sg. f.	(unv.)	(unv.) ¦ Akk. Sg. f.	3. P. Sg. Perfekt
Subjekt zu **cecidit**	Adverbativ *(Art/Weise)* zu **cecidit**	Advtv. *(A/W)* zu **cecidit**	Advtv. *(Richtung)* zu **cecidit**	Prädikat

Brutus	specie ¦ mente ¦ captus	subito	ad ¦ terram	cecidit.
Subst.	Subst. ¦ Subst. ¦ Verb (PPP)	Adverb.	Präp. ¦ Subst.	Verb
Nom. Sg. m.	Abl. Sg. f. ¦ Abl. Sg. f. ¦ Nom. Sg. m. PPP	(unv.)	(unv.) ¦ Akk. Sg. f.	3. P.Sg. Perfekt
	Advtv. zu **mente captus** *(Beziehung)* ¦ Adv. zu **capt.** *(Beziehung)*			
Subjekt zu **cecidit**	Prädikativ zu **Brutus cecidit**	Advtv. *(A/W)* zu **cecidit**	Advtv. *(Richtung)* zu **cecidit**	Prädikat

Brutus	aegrum ¦ simulans	subito	ad ¦ terram	cecidit.
Subst.	subst. Adj. ¦ Verb (PPA)	Adverb	Präp. ¦ Subst.	Verb
Nom. Sg. m.	Akk. Sg.m. ¦ Nom. Sg. m. PPA	(unv.)	(unv.) ¦ Akk. Sg. f.	3. P. Sg. Perfekt
	Objekt zu **simulans**			
Subjekt zu **cecidit**	Prädikativ zu **Brutus cecidit**	Advtv. *(A/W)* zu **cecidit**	Advtv. *(Richtung)* zu **cecidit**	Prädikat

Die Beispiele zeigen:

a) Die Zusammengehörigkeit von Wörtern wird oft durch Formenübereinstimmung **(Kongruenz)** angezeigt, z. B.:
ea verba (Akk. Pl. neutr.); **Tarquiniis reputantibus** (Abl. Pl. mask.); **Brutus cecidit** (3. P. Sg.)

b) Die **Funktionen** sind häufig an den **Formen** der Wörter zu erkennen, z. B.:
cecidit (finite Verbform → Prädikat)
Tarquiniis reputantibus (Ablativ mit Partizip → Adverbativ/Adverbial)
mente (Ablativ oft → Adverbativ/Adverbial)
oraculi (Genitiv oft → Attribut)
Manchmal kann die Funktion auch an der Wortart erkannt werden, z. B.: **subito** (Adverb → Adverbativ/Adverbial).
Bisweilen grenzt schon die *Bedeutung* eines Wortes seine mögliche Verwendbarkeit ein, z. B.: **multos annos regnabat (er war viele Jahre lang König): annos** enthält Zeitbegriff (im Akkusativ) → Adverbativ (der Zeit).

c) Die **Zuordnung von Form und Funktion** ist allerdings nicht immer eindeutig:

1) Gleiche Formen können für verschiedene Funktionen verwendet werden; z. B.:
der *Akkusativ* als Objekt **(ea verba)**, Adverbativ/Adverbial **(per simulationem)**, Attribut **(ea)**
der *Nominativ* als Subjekt **(Brutus)**, Prädikativ **([mente] captus, [aegrum] simulans)**

2) Dieselbe Funktion kann von verschiedenen Formen übernommen werden, z. B.:
Das *Adverbativ* erscheint hier in Form eines Nomens im Ablativ **(mente, specie)**, eines Adverbs **(subito)**, eines ganzen Satzes **(dum Tarquinii . . . reputant)**, eines Nomens im Ablativ mit Partizip **(Tarquiniis . . . reputantibus)**, eines Nomens im Akkusativ mit Präposition **(per simulationem)**;
das *Attribut* in Form eines Pronomens **(ea)**, eines Substantivs im Genitiv **(oraculi)**, eines Relativsatzes **(quae oraculum responderat)**.

d) Bei manchen Funktionen ist eine inhaltliche Unterscheidung nach verschiedenen **semantischen Werten** möglich, z. B.:
beim Adverbativ/Adverbial: Zeit **(dum Tarquinii . . . reputant; Tarquiniis . . . reputantibus)**; Richtung **(ad terram)**; Art und Weise **(subito)**.

e) Aus diesen Beobachtungen folgt:
Eine endgültige Bestimmung aller Formen, Funktionen, Bedeutungen ist erst aus dem Kontext heraus möglich. Das **Zusammenwirken von Form — Funktion — Bedeutung — Kontext** wird daher einen wesentlichen Teil aller grammatischen Erörterungen ausmachen.

2. Wortarten

2.1. **Nomina:** Sie werden **dekliniert;** d. h., sie treten in verschiedenen Kasus auf.

Man unterscheidet:
Substantive, z. B.: **hortus, puella, rēx, nōmen, diēs, manus**
Adjektive, z. B.: **longus, miser, difficilis**

2.2. **Pronomina:** Auch sie werden **dekliniert.** Zu den Pronomina gehören u. a.:

a) Personalpronomina, z. B.: **egō; tū; nōs**
b) Interrogativpronomina, z. B.: **quis?, quid?; ūter?**
c) Relativpronomina, z. B.: **quī (quae, quod); quisquis**
d) Demonstrativpronomina: **hīc; iste; ille**
e) anaphorisches Pronomen: **is (ea, id)**
f) Indefinitpronomina, z. B.: **quīdam; aliquis**

2.3. **Zahlwörter:** Nur einige werden **dekliniert,** z. B.: **ūnus, duo, trēs, ducentī, mīlia,** die Ordnungszahlen.

2.4. **Verben:** Sie werden **konjugiert;** d. h., sie verändern sich je nach Person, Zeitstufe, Redeabsicht.

2.5. **Partikel** (**unveränderliche** Wörter)

a) Adverbien, z. B.:
1) auf die Frage „wo?", z. B.: **hīc, nūsquam**
2) auf die Frage „wann?", z. B.: **postea**
3) auf die Frage „wie?", z. B.: **subitō, citō**

b) Konjunktionen
1) beiordnende, z. B.: **et, etiam, aut, nam, sed**
2) unterordnende, z. B.: **cum, dum, sī, ut**

c) Präpositionen
1) mit Akkusativ, z. B.: **ad, apud, ante, post, trāns, in, sub**
2) mit Ablativ, z. B.: **ā (ab), ē (ex), dē, cum, sine, prō, prae, in, sub**

d) Verschiedene Partikel, z. B.: **nōn, quam, iam, -ne, num**

Die Trennungslinien zwischen den Wortarten sind bisweilen unscharf; Partizipien z. B. haben Merkmale von Verb und Adjektiv.

3. Formen der veränderlichen Wortarten

3.1 Deklination

3.1.1. Substantive

	o-Deklination	ohne -us	neutrum	a-Deklination
Nom. Sg.	hort us	lib er	verb um	fēmin a
Gen.	hort ī	libr ī	verb ī	fēmin ae
Dat.	hort ō	libr ō	verb ō	fēmin ae
Akk.	hort um	libr um	verb um	fēmin am
Abl.	hort ō	libr ō	verb ō	fēmin ā
Nom. Pl.	hort ī	libr ī	verb a	fēmin ae
Gen.	hort ōrum	libr ōrum	verb ōrum	fēmin ārum
Dat.	hort īs	libr īs	verb īs	fēmin īs
Akk.	hort ōs	libr ōs	verb a	fēmin ās
Abl.	hort īs	libr īs	verb īs	fēmin īs

Bei den Wörtern auf **-us** im Nom. Sg. der o-Deklination gibt es eine besondere Form für den Vokativ im Sg., z. B.: **Marcĕ, avĕ;** Wörter auf **-ius** haben kein **-e,** z. B.: **fīlī, Caī.**
Sonderformen: **deābus, fīliābus:** Dat./Abl. Pl. zu **dea, fīlia**

	gemischte Deklination	neutrum	e-Deklination	u-Deklination
Nom. Sg	rēx	nōmen	di ēs	curr us
Gen.	rēg is	nōmin is	di ēī	curr ūs
Dat.	rēg ī	nōmin ī	di ēī	curr uī
Akk.	rēg em	nōmen	di em	curr um
Abl.	rēg e	nōmin ĕ	di ē	curr ū
Nom. Pl.	rēg ēs	nōmin a	di ēs	curr ūs
Gen.	rēg um	nōmin um	di ērum	curr uum
Dat.	rēg ibus	nōmin ibus	di ēbus	curr ibus
Akk.	rēg ēs	nōmin a	di ēs	curr ūs
Abl.	rēg ibus	nōmin ibus	di ēbus	curr ibus

Anmerkungen

1) Zur u-Deklination
   cornu, -ūs n. (**„Horn, Flügel“**) lautet im Dat. Sg. **cornū,** im Nom./Akk. Pl. **cornua.**
   domus, -us f. hat Sonderformen:
   Abl. Sg. **domo,** Gen. Pl. **domorum** (neben **domuum**); Akk. Pl. **domos**
2) Zur gemischten Deklination
   Überbleibsel einer i-Deklination ist die i-Beimischung bei einigen Substantiven, z. B.:
   a) im Gen. Pl. bei **hostis (hostium), navis (navium), gens (gentium), urbs (urbium)** u. a.
   b) im Akk. Pl. bisweilen **-is** statt **-ēs,** z. B.: **fīnīs**
   c) im Abl. Sg., Nom./Akk. Pl., Gen. Pl. bei den Neutra auf **-al** und **-e**

		Abl. Sg.	Nom./Akk. Pl.	Gen. Pl.
z. B.:	**(animal)**	**animalī**	**animalia**	**animalium**
	(marĕ)	**marī**	**maria**	**marium**

   d) Sonderformen, z. B.: **vis, vim, vī, virium („Kraft“) / turris, turrim, turrī, turrium, („Turm“)**

3.1.2. Adjektive

a) Adjektive der **o/a-Deklination**

	m.	f.	n.
Nom. Sg. Gen. Dat. Akk. Abl.	long us long ī long ō long um long ō	long a long ae long ae long am long ā	long um long ī long ō long um long ō
Nom. Pl. Gen. Dat. Akk. Abl.	long ī long ōrum long īs long ōs long īs	long ae long ārum long īs long ās long īs	long a long ōrum long īs long a long īs

Bei manchen Adjektiven der o/a-Deklination, deren Stamm auf -(e)r endet, fehlt im Nominativ Sg. m. die Endung, -us, z. B.:
miser – misera – miserum
pulcher – pulchra – pulchrum

b) Adjektive der **gemischten Deklination**

1. mit **drei** Endungen im Nom. Sg. der drei Genera, z. B.:
   (Nom.) celer celeris celere
   (Gen.) celeris celeris celeris
2. mit **zwei** Endungen im Nom. Sg. der drei Genera, z. B.:
   (Nom.) fortis fortis forte
   (Gen.) fortis fortis fortis
3. mit **einer** Endung im Nom. Sg. für die drei Genera, z. B.:
   (Nom.) vehemēns vehemēns vehemēns
   (Gen.) vehementis vehementis vehementis

	m.	f.	n.
Nom. Sg. Gen. Dat. Akk. Abl.	celer celer is celer ī celer em celer **ī**	celer is celer is celer ī celer em celer **ī**	celer e celer is celer ī celer e celer **ī**
Nom. Pl. Gen. Dat. Akk. Abl.	celer ēs celer **ium** celer ibus celer ēs celer ibus	celer ēs celer **ium** celer ibus celer ēs celer ibus	celer **ia** celer **ium** celer ibus celer **ia** celer ibus

Die i-Beimischung im Abl. Sg., Gen. Pl., Nom./Akk. Pl. n. fehlt bei
dives, divitis („reich“); pauper, pauperis („arm“); vetus, veteris („alt“)

c) Die **adverbiale Form** der Adjektive

Sie endet
bei der o/a-Deklination auf **-ē**, z. B.: **longē, miserē, pulchrē;**
bei der gem. Deklination auf **-(i)ter**, z. B.: **celeriter, vehementer, audacter.**
Manche Adverbien sind ihrer Form nach erstarrte Akkusative oder Ablative (von Adjektiven oder Substantiven), z. B.:
prīmum, tantum, facile, statim; falsō, sērō, forte.

d) Komparativ und Superlativ

Der **Komparativ** endet
im Nom. Sg. m. und f. auf **-ior**
im Nom. Sg. n. auf **-ius**
adverbiale Form auf **-ius**, z. B.: **lātius**

Die Kasus-Formen werden nach der gemischten Deklination ohne i-Beimischung gebildet, z. B.:

	m./f.	n.
Nom. Sg.	lāt ior	lāt ius
Gen.	lāt iōr is	lāt iōr is
Dat.	lāt iōr ī	lāt iōr ī
Akk.	lāt iōr em	lāt ius
Abl.	lāt iōr e	lāt iōr e

	m./f.	n.
Nom. Pl.	lāt iōr ēs	lāt iōr a
Gen.	lāt iōr um	lāt iōr um
Dat.	lāt iōr ibus	lāt iōr ibus
Akk.	lāt iōr ēs	lāt iōr a
Abl.	lāt iōr ibus	lāt iōr ibus

Der **Superlativ** endet bei den meisten Adjektiven auf **-issimus, -a, -um** und folgt der o/a-Deklination, z. B.:
lātissimus, lātissima, lātissimum.
adverbiale Form: **lātissimē**

Beachte die Superlativformen
1) bei Adjektiven auf **-er**, z. B.:

miser	miserior	miserrimus
celer	celerior	celerrimus

2) bei den Adjektiven auf **-ilis**, z. B.:

facilis	facilior	facillimus

Sonderformen der Komparation: verschiedene Stämme in den drei Stufen, z. B.:

bonus	melior	optimus
malus	peior	pessimus
māgnus	māior	māximus
parvus	minor	minimus
multī	plūres	plūrimī
multum	plūs	plūrimum
valde	magis	māximē

3.1.3. Pronomina

a) Personalpronomina

	1. Person	2. Person
Nom. Sg. Gen. Dat. Akk. Abl.	ego meī mihi mē mē	tū tuī tibi tē tē
Nom. Pl. Gen. Dat. Akk. Abl.	nōs nostrī nōbīs nōs nōbīs	vōs vestrī vōbīs vōs vōbīs

Reflexivpronomen

	3. Person
Nom. Gen. Dat. Akk. Abl.	— suī sibi sē sē

Ein eigentliches Personalpronomen der 3. Person gibt es nicht. Jedoch gibt es ein Pronomen, das in einem Satz auf das Subjekt in der 3. Person verweist: das Reflexivpronomen. Es hat keinen Nominativ und keine Unterscheidung von Singular und Plural.

b) Interrogativpronomina

quis? – „Wer?", quid? – „Was?" (substantivisch)

Beispiel:
quis vestrum intellexit?

quī? – „Welcher"?, quae? – „Welche?" quod? – „Welches?" (adjektivisch)
Beispiel:
quo morbo aeger est?

	substantivisch m./f.	n.
Nom. Sg. Gen. Dat. Akk. Abl.	quis cuius cui quem quō	quid cuius cui quid quō

adjektivisch
Das adjektivische Interrogativpronomen lautet in allen Formen (Sg. und Pl.) wie das Relativpronomen [siehe unten: c)].

c) Relativpronomina

qui, quae, quod (adjektivisch und substantivisch)

	m.	f.	n.
Nom. Sg.	quī	quae	quod
Gen.	cuius	cuius	cuius
Dat.	cui	cui	cui
Akk.	quem	quam	quod
Abl.	quō	quā	quō

	m.	f.	n.
Nom. Pl.	quī	quae	quae
Gen.	quōrum	quārum	quōrum
Dat.	quibus	quibus	quibus
Akk.	quōs	quās	quae
Abl.	quibus	quibus	quibus

Verallgemeinernde Relativpronomina

1) **quīcumque, quaecumque, quodcumque – „jeder, der; jede, die; alles, was"**
sowohl adjektivisch als auch substantivisch gebraucht. Dekliniert wird der erste Teil des Pronomens wie das Relativpronomen.

2) **quisquis, quidquid – „jede(r), der (die); alles, was"**
Nur diese beiden Formen treten auf, und zwar nur bei substantivischem Gebrauch.

d) Demonstrativpronomina: hic, iste und ille

	m.	f.	n.	m.	f.	n.	m.	f.	n.
Nom. Sg.	hīc	haec	hoc	iste	ista	istud	ille	illa	illud
Gen.	huius	huius	huius	istīus	istīus	istīus	illīus	illīus	illīus
Dat	huic	huic	huic	istī	istī	istī	illī	illī	illī
Akk.	hunc	hanc	hoc	istum	istam	istud	illum	illam	illud
Abl.	hōc	hāc	hōc	istō	istā	istō	illō	illā	illō
Nom. Pl.	hī	hae	haec	istī	istae	ista	illī	illae	illa
Gen.	hōrum	hārum	hōrum	istōrum	istārum	istōrum	illōrum	illārum	illōrum
Dat.	hīs	hīs	hīs	istīs	istīs	istīs	illīs	illīs	illīs
Akk.	hōs	hās	haec	istōs	istās	ista	illōs	illās	illa
Abl.	hīs	hīs	hīs	istīs	istīs	istīs	illīs	illīs	illīs

Das **-c** in einigen Kasus von **hīc, haec, hoc** ist der Rest eines Suffixes **-ce**, das die hinweisende Bedeutung verstärkt und bisweilen auch an die Formen ohne **-c** angehängt wird, z. B.: **huiusce, hāsce.**

c) anaphorisches Pronomen is, ea, id

	m.	f.	n.
Nom. Sg.	is	ea	id
Gen.	eius	eius	eius
Dat.	eī	eī	eī
Akk.	eum	eam	id
Abl.	eō	eā	eō

	m.	f.	n.
Nom. Pl.	iī (eī)	eae	ea
Gen.	eōrum	eārum	eōrum
Dat.	iīs (eīs)	iīs (eīs)	iīs (eīs)
Akk.	eōs	eās	ea
Abl.	iīs (eīs)	iīs (eīs)	iīs (eīs)

f) īdem und ipse (Pronomina zur Betonung der Identität)

īdem, eadem, idem (is, ea, id + Suffix **-dem) – „derselbe"**
Beachte die Lautveränderungen:
Nom. Sg. m. **īdem** (aus: **is-dem**); Nom./Akk. Sg. n. **idem** (aus: **id-dem**)
Akk. Sg. m. **eundem** (aus: **eum-dem**); ebenso: **eandem, eōrundem** usw.

ipse, ipsa, ipsum – „selbst, sogar" wird (bis auf Nom./Akk. Sg. n.) wie **iste** dekliniert.

g) Indefinitpronomina

Die Indefinitpronomina sind zusammengesetzt aus dem Fragepronomen und einem unveränderlichen Präfix oder Suffix, z. B.: **ali-quis, quī-dam, qui(d)cquam.** Dekliniert wird dabei nur das Fragepronomen, z. B.: **alicuius, cuidam, cuiuslibet, quemquam.**

substantivisch	adjektivisch

1)

quīdam, quaedam, quiddam	quīdam, quaedam, quoddam

quīdam, quaedam, quiddam (quoddam) gibt einen nicht genau formulierten Hinweis (**„ein gewisser"**) und entspricht häufig dem deutschen unbestimmten Artikel (**„ein"**).

2)

aliquis, aliquid – „jemand, etwas"	aliquī, aliqua, aliquod – „irgendein"

(Die Form **aliqua** ist für Nom. Sg. f. und Nom./Akk. Pl. n. häufiger gebraucht als die zu erwartende **aliquae.**)

Nach Partikeln wie **sī, nisī, nē, num** finden wir die Kurzformen:

quis, quid	quī, quae (qua), quod

In Sätzen mit negativem Sinn steht als Synoym zu **aliquis, aliquid** oft:

quisquam, quicquam (quidquam)

3)

nesciōquis, nesciōquid quīvīs, quaevīs, quidvīs quīlibet, quaelibet, quidlibet	nesciōquī, nesciōquae, nesciōquod quīvis, quaevīs, quodvīs quīlibet, quaelibet, quodlibet

nesciōquis (oder: **nesciō quis**) — **„irgendwer"**
quīvis; quīlibet – „jeder beliebige"

(ūnus)quisque, (ūna)quisque, (ūnum)quidque	– „jeder einzelne"

h) Wenn nur zwei Personen/Dinge gemeint sind, treten spezielle Pronomina auf. Diese Pronomina haben im Genitiv Sg. die Endung **-īus,** im Dat. Sg. die Endung **-ī.**

ūter?, ūtra?, ūtrum? **ūtrīus?** usw.	**wer (von beiden)?**
ūterque, ūtraque, ūtrumque **ūtrīusque** usw.	**jeder (von beiden)**
neuter, neutra, neutrum **neutrīus** usw. (aus: **ne-uter**)	**keiner (von beiden)**
alter, altera, alterum **alterīus** usw.	**der eine/der andere (von beiden)**

i) Folgende Wörter werden in manchen Grammatiken zu den Pronomina, in anderen zu den Adjektiven gerechnet. Sie enden im Gen. Sg. auf **-īus,** im Dat. Sg. auf **-ī.**

ūnus, -a, -um	(**ūnīus** usw.)	**ein(er)**
sōlus, -a, -um	(**sōlīus** usw.)	**allein**
tōtus, -a, -um	(**tōtīus** usw.)	**ganz**
ūllus, -a, -um	(**ūllīus** usw.)	**irgendein(er)**
nūllus, -a, -um	(**nūllīus** usw.)	**kein(er)**
alius, alia, aliud	(**alterīus**(!), **aliī**)	**ein anderer**

3.1.4. Zahlwörter

a) Grundzahlen

	Einer	11–20	Zehner	Hunderter
1 I	ūnus	ūn - decim	decem	centum
2 II	duo	duo - decim	vī - gintī	du - centī, ae, a
3 III	trēs	trē - decim	trī - gintā	tre - centī, ae, a
4 IV	quattuor	quattuor - decim	quadr - ā - gintā	quadrin - gentī, ae, a
5 V	quīnque	quīn - decim	quīnqu - ā - gintā	quīn - gentī, ae, a
6 VI	sex	sē - decim	sex - ā - gintā	ses - centī, ae, a
7 VII	septem	septen - decim	septu - ā - gintā	septin - gentī, ae, a
8 VIII	octō	duo - dē - vīgintī	octō - gintā	octin - gentī, ae, a
9 IX	novem	ūn - dē - vīgintī	nōn - ā - gintā	nōn - gentī, ae, a
10 X	decem	vīgintī	centum	mīlle (Pl. mīlia)

Von den Grundzahlen werden **ūnus, duo, trēs, ducentī** bis **nōngentī** und **mīlia** dekliniert.

Nom.	ūnus	ūna	ūnum	duo	duae	duo	trēs	trēs	tria	mīlia
Gen.	ūnīus	ūnīus	ūnīus	duōrum	duārum	duōrum	trium	trium	trium	mīlium
Dat.	ūnī	ūnī	ūnī	duōbus	duābus	duōbus	tribus	tribus	tribus	mīlibus
Akk.	ūnum	ūnam	ūnum	duō(s)	duās	duo	trēs	trēs	tria	mīlia
Abl.	ūnō	ūnā	ūnō	duōbus	duābus	duōbus	tribus	tribus	tribus	mīlibus

1) vīgintī ūnus oder ūnus et vīgintī 21
vīgintī duo oder duo et vīgintī 22 usw.
Die Zahlen 18 und 19, 28 und 29 usw. werden vom folgenden Zehner aus bestimmt:

duodēvīgintī	18	duodētrīginta	28
undēvīgintī	19	undētrīginta	29 usw.

2)

mīlle cīvēs	1000 Bürger
cum mīlle cīvibus	mit 1000 Bürgern
duo mīlia cīvium	2000 Bürger
cum duōbus mīlibus cīvium	mit 2000 Bürgern

b) Ordnungszahlen

prīmus, -a, -um	der erste	sextus
secundus	der zweite	septimus
tertius	usw.	octāvus
quārtus		nōnus
quīntus		decimus

Die Endungen für die Zehner und Hunderter bei den Ordnungszahlen lauten:
-gēsimus/-cēsimus z. B.: quadrāgēsimus, trīcēsimus
-gentēsimus/-centēsimus z. B.: quadringentēsimus, trecentēsimus

3.2. Konjugation

3.2.1. Präsensstamm Aktiv

		a-Konj.	e-Konj.	i-Konj.	kons. Konj.[1]	gem. Konj.[1]
Infinitiv		laudā - re	vidē - re	audī - re	teg - e - re	cap - e - re
Indikativ	Präsens	laud ō laudā s lauda t laudā mus laudā tis laudā nt	vide ō vidē s vide t vidē mus vidē tis vide nt	audi ō audī s audi t audī mus audī tis audi **u** nt	teg ō teg **i** s teg **i** t teg **i** mus teg **i** tis teg **u** nt	cap i ō cap i s cap i t cap i mus cap i tis cap i **u** nt
	Imperfekt	laudā **ba** m lauda **bā** s laudā **ba** t laudā **bā** mus laudā **bā** tis laudā **ba** nt	vidē **ba** m vidē **bā** s vidē **ba** t vidē **bā** mus vidē **bā** tis vidē **ba** nt	audi **ēba** m audi **ēbā** s audi **ēba** t audi **ēbā** mus audi **ēbā** tis audi **ēba** nt	teg **ēba** m teg **ēbā** s teg **ēba** t teg **ēbā** mus teg **ēbā** tis teg **ēba** nt	cap i **ēba** m cap i **ēbā** s cap i **ēba** t cap i **ēbā** mus cap i **ēbā** tis cap i **ēba** nt
	Futur I	laudā **b** ō laudā **b i** s laudā **b i** t laudā **b i** mus laudā **b i** tis laudā **b u** nt	vidē **b** ō vidē **b i** s vidē **b i** t vidē **b i** mus vidē **b i** tis vidē **b u** nt	audi **a** m audi **ē** s audi **e** t audi **ē** mus audi **ē** tis audi **e** nt	teg **a** m teg **ē** s teg **e** t teg **ē** mus teg **ē** tis teg **e** nt	cap i **a** m cap i **ē** s cap i **e** t cap i **ē** mus cap i **ē** tis cap i **e** nt
Konjunktiv	I Gleichzeitigkeit	laud **e** m laud **ē** s laud **e** t laud **ē** mus laud **ē** tis laud **e** nt	vide **a** m vide **ā** s vide **a** t vide **ā** mus vide **ā** tis vide **a** nt	audi **a** m audi **ā** s audi **a** t audi **ā** mus audi **ā** tis audi **a** nt	teg **a** m teg **ā** s teg **a** t teg **ā** mus teg **ā** tis teg **a** nt	cap i **a** m cap i **ā** s cap i **a** t cap i **ā** mus cap i **ā** tis cap i **a** nt
	II Gleichzeitigkeit	laudā **re** m laudā **rē** s laudā **re** t laudā **rē** mus laudā **rē** tis laudā **re** nt	vidē **re** m vidē **rē** s vidē **re** t vidē **rē** mus vidē **rē** tis vidē **re** nt	audī **re** m audī **rē** s audī **re** t audī **rē** mus audī **rē** tis audī **re** nt	teg **e re** m teg **e rē** s teg **e re** t teg **e rē** mus teg **e rē** tis teg **e re** nt	cap **e re** m cap **e rē** s cap **e re** t cap **e rē** mus cap **e rē** tis cap **e re** nt
Imperativ		laudā laudā te	vidē vidē te	audī audī te	teg e teg i te	cap e cap i te

In der konsonantischen Konjugation bilden vier Verben den Imperativ Sg. mit dem reinen Stamm: **dīc, dūc, fac, fer.**
Bisweilen erscheinen auch Imperativformen auf **-tō** (Sg.) und **-tōte, -ntō** (Pl.), z. B.: **laudātō, vidētōte, capiuntō.**

3.2.1. Präsensstamm Passiv

		a-Konj.	e-Konj.	i-Konj.	kons. Konj.[1]	gem. Konj.[1]
Infinitiv		laudā - rī	vidē - rī	audī - rī	teg - ī	cap - ī
Indikativ	Präsens	laud or laudā ris laudā tur laudā mur laudā minī laudā ntur	vide or vidē ris vidē tur vidē mur vidē minī vide ntur	audi or audī ris audī tur audī mur audī minī audi **u** ntur	teg or teg **e** ris teg **i** tur teg **i** mur teg **i** minī teg **u** ntur	cap i or cap e ris cap i tur cap i mur cap i minī cap i **u** ntur
	Imperfekt	laudā **ba** r laudā **bā** ris laudā **bā** tur laudā **bā** mur laudā **bā** minī laudā **ba** ntur	vidē **ba** r vidē **bā** ris vidē **bā** tur vidē **bā** mur vidē **bā** minī vidē **ba** ntur	audi **ēba** r audi **ēbā** ris audi **ēbā** tur audi **ēbā** mur audi **ēbā** minī audi **ēba** ntur	teg **ēba** r teg **ēbā** ris teg **ēbā** tur teg **ēbā** mur teg **ēbā** minī teg **ēba** ntur	cap i **ēba** r cap i **ēbā** ris cap i **ēbā** tur cap i **ēbā** mur cap i **ēbā** minī cap i **ēba** ntur
	Futur I	laudā **b** or laudā **b e** ris laudā **b i** tur laudā **b i** mur laudā **b i** minī laudā **b u** ntur	vidē **b** or vidē **b e** ris vidē **b i** tur vidē **b i** mur vidē **b i** minī vidē **b u** ntur	audi **a** r audi **ē** ris audi **ē** tur audi **ē** mur audi **ē** minī audi **e** ntur	teg **a** r teg **ē** ris teg **ē** tur teg **ē** mur teg **ē** minī teg **e** ntur	cap i **a** r cap i **ē** ris cap i **ē** tur cap i **ē** mur cap i **ē** minī cap i **e** ntur
Konjunktiv	I Gleichzeitigkeit	laud **e** r laud **ē** ris laud **ē** tur laud **ē** mur laud **ē** minī laud **e** ntur	vide **a** r vide **ā** ris vide **ā** tur vide **ā** mur vide **ā** minī vide **a** ntur	audi **a** r audi **ā** ris audi **ā** tur audi **ā** mur audi **ā** minī audi **a** ntur	teg **a** r teg **ā** ris teg **ā** tur teg **ā** mur teg **ā** minī teg **a** ntur	cap i **a** r cap i **ā** ris cap i **ā** tur cap i **ā** mur cap i **ā** minī cap i **a** ntur
	II Gleichzeitigkeit	laudā **re** r laudā **rē** ris laudā **rē** tur laudā **rē** mur laudā **rē** minī laudā **re** ntur	vidē **re** r vidē **rē** ris vidē **rē** tur vidē **rē** mur vidē **rē** minī vidē **re** ntur	audī **re** r audī **rē** ris audī **rē** tur audī **rē** mur audī **rē** minī audī **re** ntur	teg **e re** r teg **e rē** ris teg **e rē** tur teg **e rē** mur teg **e rē** minī teg **e re** ntur	cap **e re** r cap **e rē** ris cap **e rē** tur cap **e rē** mur cap **e rē** minī cap **e re** ntur

In der 2. P. Sg. aller Passiv-Formen des Präsensstammes erscheint bisweilen statt der Endung **-ris** die Endung **-re**, z. B.: **laudābere** (statt: **laudāberis**)

---

1 „Konsonantische Konjugation" nach dem konsonantischen Stammauslaut; „gemischte Konjugation", weil ein Teil der Formen denen der i-Konj., ein Teil denen der kons. Konj. ähnelt.

3.2.2. Perfektstamm: Aktiv
Zusammensetzungen mit dem PPP: Passiv

Die Tempora Perfekt, Plusquamperfekt und Futur II sowie die Konjunktive I/II der Vorzeitigkeit werden in allen Konjugationen folgendermaßen gebildet bzw. zusammengesetzt:

im **Aktiv** vom Perfektstamm und Endungen,
z. B.: **laudāv-ī, vīd-istī, audīv-it, tēx-imus, cēp-istis**

im **Passiv** aus dem PPP und dem Präsens, Imperfekt, Futur I von esse bzw. dem Konjunktiv I/II der Gleichzeitigkeit von esse,
z. B.: **laudātus sum, vīsus erās, audīta erit, tēctī sīmus, captae essēti**

Beispiel für die Formen, die vom Perfektstamm bzw. mit dem PPP gebildet werden (im Passiv in diesem Beispiel auf Genus masc. bezogen):

		Aktiv	Passiv
Stamm/PPP		vīd-	vīsus, -a, -um
Infinitiv		vīd isse	vīsum esse
Indikativ	Perfekt	vīd ī vīd istī vīd it vīd imus vīd istis vīd ērunt	vīsus sum vīsus es vīsus est vīsī sumus vīsī estis vīsī sunt
	Plusquamperfekt	vīd era m vīd erā s vīd era t vīd erā mus vīd erā tis vīd era nt	vīsus eram vīsus erās vīsus erat vīsī erāmus vīsī erātis vīsī erant
	Futur II	vīd er ō vīd eri s vīd eri t vīd eri mus vīd eri tis vīd eri nt	vīsus erō vīsus eris vīsus erit vīsī erimus vīsī eritis vīsī erunt

Konjunktiv	I Vorzeitigkeit	vīd eri m vīd eri s vīd eri t vīd eri mus vīd eri tis vīd eri nt	vīsus sim vīsus sīs vīsus sit vīsi sīmus vīsī sītis vīsī sint
	II Vorzeitigkeit	vīd isse m vīd issē s vīd esse t vīd issē mus vīd issē tis vīd isse nt	vīsus essem vīsus essēs vīsus esset vīsī essēmus vīsī essētis vīsī essent

Kurzformen:
1) bei Perfektstämmen auf -v-: z. B. **laudāstī, audīeram, audīsse, negārunt**
2) in der 3. P. Pl. Ind. Perf. Akt. **-ēre** statt **-ērunt**, z. B. **fēcēre**

3.2.3. Infinitive

Präs.	Akt.	laudā re	vidē re	audī re	teg e re	cap e re
	Pass.	laudā rī	vidē rī	audī rī	teg ī	cap ī
Perf.	Akt.	laudāv isse	vīd isse	audīv isse	tēx isse	cēp isse
	Pass.	laudātum, -am, -um esse	vīsum, -am, -um esse	audītum, -am, -um esse	tēctum, -am, -um esse	captum, -am, -um esse
Fut.	Akt.	laudātūrum, -am, -um (esse)	vīsūrum, -am, -um (esse)	audītūrum, -am, -um (esse)	tēctūrum, -am, -um (esse)	captūrum -am, -um (esse)
	Pass.	laudātum īrī	vīsum īrī	audītum īrī	tēctum īri	captum īrī

3.2.4. Nominale Verbformen

a) Partizipien

PPA (Partizip Präsens Aktiv)

laudā ns lauda nt is	vidē ns vide nt is	audi ēns audi ent is	teg ēns teg ent is	cap i ēns cap i ent is

Das PPA wird dekliniert wie die Adjektive der gemischten Deklination mit nt-Stamm (Typ **vehemēns**), mit einer Ausnahme: Der Ablativ Sg. aller Genera endet fast immer auf **-e.**

PPP (Partizip Perfekt Passiv)
Das PPP besteht aus Wortstamm + **-tus/-sus**
und wird dekliniert nach der o/a-Deklination,
z.B.: **laudā-tus, audī-tus, vī-sus** (aus ***vid-sus**), **tēc-tus** (aus ***teg-tus**).
Anmerkung: Manche PPP haben sich nach „Regeln" entwickelt, die hier nicht aufgeführt werden können, z. B.: **appulsus, positus.**

PFA (Partizip Futur Aktiv)
Das PFA besteht aus Wortstamm + **-tūrus/-sūrus**
und wird dekliniert nach der o/a-Deklination,
z. B.: **laudā-tūrus, audī-tūrus, vī-sūrus, tēc-tūrus, appul-sūrus** (vgl. Anm. zum PPP).

b) nd-Formen

nd-Formen bestehen aus
Wortstamm + **(e)nd** + Endungen der o/a-Deklination,
z. B.: **lauda-nd- us, cap-i-end-ī.**
Sie treten auf[1]:
adjektivisch (Gerundivum): Ihre Bedeutung entspricht etwa einem Part. Präs. Pass.
substantivisch (Gerundium): zur Vertretung des substantivierten Infinitiv Präsens Aktiv in folgenden Formen:

Gen.	Dat. (selten)	Akk. m. Präp.	Abl. mit/ohne Präp.
laudandī	laudandō	ad laudandum	(in, dē) laudandō

c) Supinformen

Die Supinformen gleichen dem PPP[2]:
Supin I: Endung **-um**, z. B.: **laudātum, vīsum, captum**
Supin II: Endung **-u**, z. B.: **laudātū, vīsū, captū**
Die Supinformen kommen nur selten und in verhältnismäßig festen Verbindungen vor. Sie entsprechen etwa dem substantivierten Verb[3].

3.2.5. Stammformenreihe

Die typischen Elemente aller Formen eines Verbs werden zusammengefaßt in seiner Stammformenreihe, z. B.:

Infinitiv Präs. Akt.	1. P. Sg. Ind. Präs. Akt.	1. P. Sg. Ind. Perf. Akt.	PPP (neutrum) (Supinstamm)	
vidēre capere	videō capiō	vīdī cēpī	vīsum captum	sehen fangen, packen

Anmerkungen:
1) Manche Stammformenreihen sind aus verschiedenen Stämmen zusammengesetzt oder unvollständig, z. B.:

incipere ferre –	incipiō ferō –	coepī tulī meminī	inceptum lātum –	anfangen tragen sich erinnern

2) Im Lexikon werden die Verben in der 1. P. Sg. aufgeführt.

1 Zur Übersetzung der nd-Formen vgl. 6.4.2.
2 Der Stamm des PPP (Verbstamm + t/s, vgl. oben a) heißt daher auch Supinstamm.
3 Zum Gebrauch von Supinum I vgl. Tabelle 5.2.2. Nr. 29, von Supinum II vgl. 4.4.1.2, b) 2).

3.2.6. Deponentien

Manche lateinischen Verben besitzen fast ausschließlich passive Formen, haben aber keine passive Bedeutung: Man nennt sie Deponentien.
Die Stammreihe solcher Verben lautet z. B.:

Infinitiv Präsens	1. P. Sg. Ind. Präs.	1. P. Sg. Ind. Perf.	
laetārī sequī ingredī	laetor sequor ingredior	laetātus sum secūtus sum ingressus sum	sich freuen folgen hineingehen

Semideponentien (Halbdeponentien) haben entweder im Präsensstamm aktive und im Perfektstamm passive Formen oder umgekehrt, z. B.:

audēre gaudēre cōnfīdere revertī	audeō gaudeō cōnfīdō revertor	ausus sum gāvīsus sum cōnfīsus sum revertī (mit Part. reversus)	wagen sich freuen vertrauen zurückkehren

Außer den üblichen Passivformen gibt es bei den Deponentien:

Imperativ Sg. Pl.	laetā re laetā minī	sequ e re sequ i minī	ingred e re ingred i minī
PPA	laetā ns laeta nt is	sequ ēns sequ ent is	ingred i ēns ingred i ent is
PFA	laetātūrus, -a, -um	secūtūrus, -a, -um	ingressūrus, -a, -um

3.2.7. Verben mit besonderen Formen im Präsensstamm

a) esse, posse und Komposita von esse

Präsensstamm

		esse	posse
Infinitiv		esse	posse
Indikativ	Präsens	sum es est sumus estis sunt	pos sum pot es pot est pos sumus pot estis pos sunt
Indikativ	Imperfekt	eram erās erat erāmus erātis erant	pot eram pot erās pot erat pot erāmus pot erātis pot erant
Indikativ	Futur I	erō eris erit erimus eritis erunt	pot erō pot eris pot erit pot erimus pot eritis pot erunt
Konjunktiv	I Gleichzeitigkeit	si m sī s si t sī mus sī tis si nt	possi m possī s possi t possī mus possī tis possi nt
Konjunktiv	II Gleichzeitigkeit	esse m essē s esse t essē mus essē tis esse nt	posse m possē s posse t possē mus possē tis posse nt
Imperativ		es este	

Perfektstamm

		fu isse	potu isse
Infinitiv		fu isse	potu isse
Indikativ	Perfekt	fu ī fu istī fu it fu imus fu istis fu ērunt	potu ī potu istī potu it potu imus potu istis potu ērunt
Indikativ	Plusquamperfekt	fu eram fu erās fu erat fu erāmus fu erātis fu erant	potu eram potu erās potu erat potu erāmus potu erātis potu erant
Indikativ	Futur II	fu erō fu eris fu erit fu erimus fu eritis fu erint	potu erō potu eris potu erit potu erimus potu eritis potu erint
Konjunktiv	I Vorzeitigkeit	fu erim fu eris fu erit fu erimus fu eritis fu erint	potu erim potu eris potu erit potu erimus potu eritis potu erint
Konjunktiv	II Vorzeitigkeit	fu issem fu issēs fu isset fu issēmus fu issētis fu issent	potu issem potu issēs potu isset potu issēmus potu issētis potu issent
PFA		futūrus, -a, -um	

1) Als Infinitiv Futur zu esse tritt neben **futūrum, -am, -um (esse)** auch **fore** auf.
2) Bei dem Kompositum **prodesse (pro + esse)** -„**nützen**" erscheint vor Vokal ein -d-, z. B.: **proderat.**
3) Beachte mögliche Veränderungen der Vorsilbe (Präfix):
adesse, adsum, aderam, adfuī
abesse, absum, aberam, āfuī
prōdesse, prōsum, prōderam, prōfuī

b) velle, nolle, malle

Infinitiv		velle	nōlle	mālle
Indikativ	Präsens	volō vīs vult volumus vultis volunt	nōlō nōn vīs nōn vult nōlumus nōn vultis nōlunt	mālō māvīs māvult mālumus māvultis mālunt
	Imperfekt	vol ēba m vol ēbā s usw.	nōl ēba m nōl ēbā s usw.	māl ēba m māl ēbā s usw.
	Futur I	vol a m vol ē s vol e t usw.	nōl a m nōl ē s nōl e t usw.	māl a m māl ē s māl e t usw.
Konjunktiv	I Gleich- zeitigkeit	veli m velī s usw.	nōli m nōlī s usw.	māli m mālī s usw.
	II Gleich- zeitigkeit	velle m vellē s usw.	nōlle m nōllē s usw.	mālle m māllē s usw.
Imperativ			nōlī nōlī te	
Partizip Präsens		volēns, -ntis	nōlēns, -ntis	
Perfektstamm		volu- z. B. voluī voluistī volueram voluerim voluissem	nōlu- z. B. nōluī nōluistī nōlueram nōluerim nōluissem	mālu- z. B. māluī māluistī mālueram māluerim māluissem

c) ire, ferre, fieri

Infinitiv		īre	ferre Aktiv	ferrī Passiv	fierī
Indikativ	Präsens	eō īs it īmus ītis eunt	ferō fers fert ferimus fertis ferunt	feror ferris fertur ferimur feriminī feruntur	fīō fīs fit fīmus fītis fīunt
	Imperfekt	ī ba m ī bā s usw.	fer ēba m fer ēbā s usw.	fer ēba r fer ēbā ris usw.	fī ēba m fī ēbā s usw.
	Futur I	ī b ō ī bi s ī bi t usw.	fer a m fer ē s fer e t usw.	fer a r fer ē ris fer ē tur usw.	fī a m fī ē s fī e t usw.
Konjunktiv	I Gleich-zeitigkeit	e a m e ā s e a t usw.	fer a m fer ā s fer a t usw.	fer a r fer ā ris fer ā tur usw.	fī a m fī ā s fī a t usw.
	II Gleich-zeitigkeit	ī re m ī rē s usw.	fer re m fer rē s usw.	fer re r fer rē ris usw.	fi e re m fi e rē s usw.
Imperativ		ī ī te	fer fer te		
Partizip Präsens		iēns, euntis	ferēns, ferentis		
Partizip Futur		itūrus, -a -um	lātūrus, -a, -um		
nd-Form		eundum		ferendus	(faciendus)
Perfektstamm		i- z. B. iī iistī (īstī) ieram iissem (īssem)	tul- z. B. tulī tulistī tuleram tulissem	PPP lātus, -a, -um	(PPP factus, -a, -um)

Anmerkung zu ire:
Im Perfektstamm wird ii- vor -s- gewöhnlich zu ī- zusammengezogen.

4. Funktionen

4.0. Vorbemerkungen

4.0.1. Grundsätzliches zu den Kasus

4.0.1.1. Im Wechselspiel von Form und Funktion ist eine Form nicht immer eindeutig nur einer einzigen Funktion zuzuordnen. Umgekehrt kann dieselbe Funktion von verschiedenen Formen übernommen werden (vgl. 1.2.) Es ist aber nicht gleichgültig, welcher Kasus zur Erfüllung einer Funktion verwendet wird. Das liegt daran, daß die Kasus unabhängig von den syntaktischen Beziehungen im Satz schon von sich aus inhaltliche Beziehungen anzeigen. Wir können also von einer **Grundbedeutung** einzelner Kasus sprechen, z. B.:

- der **Akkusativ** gibt *Ziel/Richtung* einer Handlung an;
- der **Ablativ** gibt den *Ausgangspunkt* oder die *Begleitumstände* einer Handlung an.
  Innerhalb dieser Grundbedeutung sind drei Bereiche zu unterscheiden (vgl. 4.4.1.2. b):
  1) *Separativ* (Frage: „Woher?")
  2) *Instrumentalis* oder *Soziativ* (Frage: „Womit?/Mit wem?")
  3) *Lokativ* (Frage: „Wo?, Wann?")
- der **Dativ** bezeichnet den *Nutzen* („Wozu?")/*Nutznießer* („Für wen?") einer Handlung;
- der **Genitiv** gibt den *Bereich* an, in den eingeordnet wird.

Aus den Grundbedeutungen der Kasus erklärt sich auch, warum manche Kasus in manchen Funktionen besonders häufig auftreten, z. B.: Genitiv als Attribut, Ablativ als Adverbativ (Adverbial).

4.0.1.2. Die Grundbedeutung von Akkusativ und Ablativ schließt die Angabe räumlicher, zeitlicher und anderer Verhältnisse ein (Frage: „Wie lange? / wie weit? / wann? / seit wann? / auf welche Weise?"). Diese werden in der Regel durch Präpositionen verdeutlicht und differenziert:

- beim **Akkusativ** z.B. durch:

per	(hin)durch	sub	unter („Wohin?")
in	in („Wohin?")	trāns	(hin)über

- beim **Ablativ**
  1) als *Separativ* durch:

ē/ex	aus, von ... her, infolge von	ā/ab	von (weg)
		dē	von ... herab, über (z. B. über etw. erzählen)

2) als *Soziativ* durch:

sine	ohne	cum	mit

3) als *Lokativ* durch:

prō	vor, für, anstelle von	prae	vor
sub	unter („Wo?")	in	in („Wo?")

Anmerkung

Die lateinische Betrachtungsweise räumlicher oder zeitlicher Verhältnisse deckt sich nicht immer mit der deutschen, z. B.:

mālum ex arbore pendet. („Woher?")	Ein Apfel hängt am Baum. („Wo?")
Carthago et a terra et a mari munita erat. („Woher?")	Karthago war auf der Land- und Meerseite befestigt. („Wo?")

4.0.2. Übersicht über die Funktionen im Satz

Wir unterscheiden folgende vier Grundfunktionen:

1) **Prädikat** (vgl. 4.1.)
2) **Subjekt** (vgl. 4.2.)
3) **Ergänzungen** (vgl. 4.3.)
4) **Erweiterungen** (vgl. 4.4.)

Bei den Erweiterungen unterscheiden wir drei Gruppen:
Adverbativ (Adverbial), Prädikativ, Attribut

Beispiele:

mater	filium	amat.
Subj.	Erg.	Präd.

mater	filium	parvum	valde	amat.
Subj.	Erg.	Erw.	Erw.	Präd.
		Attr.	Advtv.	

mater	filio	librum	donavit.
Subj.	Erg.	Erg.	Präd.

heri	mater	gavisa	filio	parvo	librum	pulchrum	donavit.
Erw.	Subj.	Erw.	Erg.	Erw.	Erg.	Erw.	Präd.
Advtv.		Prädtv.		Attr.		Attr.	

pater	vituperat,	quod heri schola afuisti.
Subj.	Präd.	Ergänzung

quod heri schola afuisti,	patri	displicet.
Subjekt	Erg.	Präd.

haec cum Crassus dixisset,	omnes	tacebant.
Erweiterung	Subj.	Präd.
Advtv.		

cena finita	pater	ambulabat.
Erw.	Subj.	Präd.
Advtv.		

4.1. Prädikat

Prädikat nennen wir die finite, d. h. nach Person, Tempus, Modus und Genus des Verbs (Aktiv/Passiv) bestimmte Verbform im Satz.

4.1.1. Einfache Prädikate

nonnulli populi foedera cum Romanis fecerunt.	Einige Völker schlossen Verträge mit den Römern.

Prädikat: **fecerunt** (3. P. Pl. Ind. Perf. Akt.)

res publica in periculum adducta est.	Der Staat geriet in Gefahr.

Prädikat: **adducta est** (3. P. Sg. Ind. Perf. Pass.)

4.1.2. Prädikate mit Prädikatsergänzungen

Manche Verben haben Prädikatsergänzungen bei sich, die so eng zur finiten Verbform gehören, daß wir sie als einen Teil des Prädikats ansehen. Ihrer Form nach können **Prädikatsergänzungen verbal** oder **nominal** sein.

4.1.2.1. Verbale Prädikatsergänzungen

quid stultius fieri potuit?	Was hätte Dümmeres geschehen können?
Petrus amicum a libris avocare conatur.	Peter versucht, seinen Freund von den Büchern wegzulocken.

Bei Verben wie velle – „wollen", posse – „können", debēre – „müssen", audēre – „wagen", cōnārī – „versuchen" u. ä. hat der *Infinitiv* die Funktion der Prädikatsergänzung.

tu mihi videris cochleae vitam agere.	Du scheinst mir das Leben einer Schnecke zu führen.
Hannibal traditur cum iniquitate loci acriter pugnavisse.	Nach den Berichten hatte Hannibal heftig mit Geländeschwierigkeiten zu kämpfen.

Die Prädikatsergänzung im Infinitiv nach Passiv-Formen von Verben wie dīcere, vidēre, trādere – „überliefern", iubēre – „befehlen" wird auch **NCI** (Nominativ mit Infinitiv) genannt (vgl. Tabelle 5.2.1. Nr. 17).

4.1.2.2. Nominale Prädikatsergänzungen

In vielen Fällen erfüllen *Nomina* die Funktion von Prädikatsergänzungen. Wir sprechen daher von **Prädikatsnomina.**

Prädikatsnomina gibt es in allen Kasus:

gladius et pilum sunt tela.	Schwert und Speer sind Angriffswaffen.
consul rebus angustis par non erat.	Der Konsul war der schwierigen Lage nicht gewachsen.
Brutus consul creatus est.	Brutus wurde zum Konsul gewählt.
tibi via monstranda est[1].	Du mußt den Weg zeigen.

Am häufigsten sind *Prädikatsnomina im Nominativ* (in Kongruenz zum Subjekt) bei Verben wie **esse, fierī – „werden", creārī – „gewählt werden zu"** u. ä.

Romani Brutum consulem creaverunt.	Die Römer wählten Brutus zum Konsul.
poeta patriam celebrem reddidit.	Der Dichter machte sein Vaterland berühmt.

Relativ häufig sind auch *Prädikatsnomina im Akkusativ* (in Kongruenz zum Objekt) bei Verben mit der Bedeutung **„machen zu"** wie **facere, reddere, creāre** oder **„halten für"** wie **putāre, iūdicāre, aestimāre** o. ä.

duces insigni virtute erant.	Die Führer waren äußerst tüchtig.

Ein *Prädikatsnomen im Ablativ* gibt eine Eigenschaft des Subjekts an. Es hat stets ein adjektivisches Attribut bei sich (vgl. 4.4.3.3.: Nomen im Ablativ als Attribut).

hominis est errare.	Irren ist menschlich.
domus patris est.	Das Haus gehört dem Vater.

Ein *Prädikatsnomen im Genitiv* bezeichnet den Bereich, dem ein Tun, eine Sache oder eine Aussage zuzuordnen ist. Bisweilen erscheint die Bereichsangabe als Besitz- oder Qualitätsangabe (vgl. 4.4.3.3.: Nomen im Genitiv als Attribut).

ea res civibus saluti erat.	Dies bedeutete für die Bürger die Rettung.
Romanis elephanti non erant.	Die Römer hatten keine Elefanten.

Ein *Prädikatsnomen im Dativ* gibt an, wozu oder für wen etwas da ist.

Statt **esse** erscheinen manchmal auch Verben mit der Bedeutung **„auslegen", „anrechnen"** bei einem Prädikatsnomen im Dativ, z. B.: **aliquid vitio dare – „etwas als Fehler auslegen".**

---

1 Zur Übersetzung der nd-Formen vgl. 6.4.2.

4.2. Subjekt

Subjekt nennen wir das Satzglied, das auf die Frage
„quis/quid + Prädikat" antwortet.
In manchen Grammatiken wird das Subjekt auch als Ergänzung behandelt.

Als Subjekt können auftreten:
Nomina im Nominativ, Infinitive, abhängige Aussagen im ACI, Sätze.

4.2.1. Nomen im Nominativ (häufigste Form)

nonnulli populi foedera cum Romanis fecerunt.	Einige Völker schlossen Bündnisse mit den Römern.
magna gloria urbis Romae per omnes gentes nota est.	Roms großer Ruhm ist unter allen Völkern bekannt.

Da im Kontext schon die Personalendung des Verbs in vielen Fällen hinreichend deutlich macht, wer/was Subjekt ist, wird das Subjekt nicht immer ausdrücklich genannt, z. B.:

consul dictatori paret: consulatu se abdicat.	Der Konsul gehorcht dem Diktator: Er legt das Konsulat nieder.
librum lego.	Ich lese ein Buch.

4.2.2. Infinitiv

haec scire valde nos iuvat.	Dies zu wissen, ist uns sehr angenehm.
errare humanum est.	Irren ist menschlich.

Der Infinitiv kommt als Subjekt vor allem bei unpersönlichen Ausdrücken wie **prodest – „es ist nützlich", bonum est – „es ist gut", praestat – „es ist besser"** u. ä. vor. Er gilt als Genus neutrum.

bonum esse praestat quam bonum videri.	Gut zu sein, ist besser, als gut zu scheinen.

Wenn der als Subjekt fungierende Infinitiv ein Prädikatsnomen bei sich hat, steht dies im Akkusativ.

4.2.3. Abhängige Aussage im ACI

Beispiel:

verisimile est tria milia equitum perisse.	Es ist wahrscheinlich, daß 3000 Reiter umgekommen sind.

Zusammenfassende Darstellung unter 5.2.1. Nr. 16 c).

4.2.4. Sätze

Beispiele:

qui tacet, consentire videtur.	Wer schweigt, scheint zuzustimmen.

Relativsatz in Subjektfunktion (zusammenfassende Darstellung unter 5.2.2. Nr. 25)

quot homines interierint, non satis constat.	Wie viele Menschen umkamen, ist nicht ganz sicher.

Abhängiger Fragesatz als Subjekt (zusammenfassende Darstellung unter 5.2.1. Nr. 1—3)

4.3. Ergänzungen

Ergänzungen nennen wir die Satzteile, die — im Gegensatz zu den (freien) Erweiterungen eines Satzes (vgl. 4.4.) — vom Inhalt des Verbs gefordert werden. (Zur Unterscheidung von den in 4.1.2. dargestellten Prädikatsergänzungen werden diese Ergänzungen in manchen Grammatiken auch Satzergänzungen genannt.)
Als Ergänzungen können auftreten:
Nomina, präpositionale Wendungen, Nomina in Verbindung mit infiniten Verbformen (sogenannte satzwertige Konstruktionen), **Sätze.**
Diese Vielfalt wird vor allem beim Objekt sichtbar.

4.3.1. Objekt

Objekt nennen wir das Satzglied, das auf die Frage
„quem/quid + Subjekt + Prädikat" antwortet.
Verben, die ein Objekt fordern, heißen *transitive Verben.* (Alle anderen Verben faßt man unter dem Begriff *„intransitiv"* zusammen.)

Erscheinungsformen des Objekts:

4.3.1.1. Nomen im Akkusativ (häufigste Form)

Brutus Tarquinium Superbum fugavit.	Brutus vertrieb Tarquinius Superbus.
nonnulli populi foedera cum Romanis fecerunt.	Einige Völker schlossen Bündnisse mit den Römern.
magister discipulos litteras docet.	Ein Lehrer bringt seinen Schülern die Buchstaben bei.
Caesar exercitum flumen traduxit.	Caesar führte sein Heer über den Fluß.

Manche Verben (z. B. rogāre, docēre, Komposita mit dem Präfix trāns-, circum- oder praeter-) können zwei Objekte haben.

4.3.1.2. Abhängige Aussage im ACI

Beispiel:

Brutus intellexit terram hominum matrem esse.	Brutus erkannte, daß die Erde die Mutter der Menschen sei.

Zusammenfassende Darstellung unter 5.2.1. Nr. 16.

4.3.1.3. Sätze

Beispiele:

opto ut incolumis redeas.	Ich wünsche dir, daß du heil zurückkommst.

Abhängiger Wunschsatz (Zusammenfassende Darstellung unter 5.2.1. Nr. 4—7)

quot homines interissent, Hannibal rogavit.	Hannibal fragte, wieviel Männer umgekommen seien.
non sentit, quam male dormiat.	Er merkt nicht, wie schlecht er schläft.

Abhängiger Fragesatz (Zusammenfassende Darstellung unter 5.2.1. Nr. 1—3)

4.3.2. Ergänzungen im Ablativ

magistro sollerti usus est.	Er hat einen geschickten Lehrer gehabt.

Eine Ergänzung im Ablativ fordern Verben wie ūtī – „gebrauchen", fruī – „genießen", fungī – „verwalten", potīrī – „sich einer Sache bemächtigen", abundāre – „Überfluß haben an".

Man kann diesen Ablativ als Instrumentalis (vgl. 4.0.1.1.) erklären.

Quinctius dictaturā se abdicavit.	Quinctius legte sein Amt als Diktator nieder.

Verben, die einen Mangel oder eine Trennung bezeichnen, fordern ebenfalls den Ablativ, z. B. discēdere – „sich trennen von", prīvāre – „berauben", abstinēre – „fernhalten von", carēre – „entbehren".

Dieser Ablativ ist ein Separativ (vgl. 4.0.1.); er wird oft verstärkt durch die Präposition ā/ab.

Auch zu opus est (aliquā rē) – „(etwas) ist nötig" gehört eine Ergänzung im Ablativ.

4.3.3. Ergänzungen im Dativ

placet mihi rem finire.	Ich beschließe, die Angelegenheit zu beenden.
dux devictis pepercit.	Der Feldherr schonte die Besiegten.

Zu den Verben, die eine Ergänzung im Dativ fordern, gehören u. a. auch noch persuadēre – „überreden, überzeugen", studēre – „sich einer Sache widmen, etwas eifrig betreiben", invidēre – „beneiden". ⇒

Dis Iovi epistulam misit. Iupiter fratri auxilium fert.	Dis schickte Jupiter einen Brief. Jupiter leistet seinem Bruder Hilfe.

Viele Verben erfordern — wie auch im Deutschen — noch eine Ergänzung im Dativ neben dem Objekt.

4.3.4. Ergänzungen im Genitiv

oblitus est amicorum.	Er vergaß seine Freunde.

Nach Verben wie **meminisse, recordārī** – „**sich erinnern**", **oblīvīscī** – „**vergessen**" bezeichnet der Genitiv die Person oder Sache, an die man sich erinnert oder die man vergißt.

vulpes corvum furti accusat.	Der Fuchs verklagt den Raben wegen Diebstahls.
Athenienses Socratem capitis damnaverunt.	Die Athener verurteilten Sokrates zum Tode.

Der Genitiv bei Verben aus dem Gerichtsbereich bezeichnet den Verhandlungsgegenstand oder das Strafmaß.

4.3.5. Ergänzungen in Form von präpositionalen Wendungen

dea ab officio discessit.	Die Göttin tat nicht mehr ihre Pflicht.
Dis a fratre uxorem petivit.	Dis bat seinen Bruder um eine Frau.
Ex servo quaesivi, quid de educatione liberorum sciret.	Den Sklaven fragte ich, was er von Kindererziehung verstehe.
hostes in fugam coniecti sunt.	Die Feinde wurden in die Flucht geschlagen.

Außer **petere** und **quaerere** verlangen vor allem Komposita oft eine Ergänzung in Form einer präpositionalen Wendung.

4.3.6. Ergänzungen in Form von satzwertigen Konstruktionen (ACI)

Beispiel:

filiam meam ad te redire studebo.	Ich werde mich darum bemühen, daß meine Tochter zu dir zurückkehrt.

Zusammenfassende Darstellung unter 5.2.1. Nr. 16.

4.3.7. Ergänzungen in Form von Sätzen

Beispiel:

retineri non possum, quin verum dicam.	Ich lasse mich nicht davon abhalten, die Wahrheit zu sagen.

Zusammenfassende Darstellung unter 5.2.1.

4.3.8. Abschließende Bemerkungen zu den Ergänzungen

a) Lateinische Verben verlangen oft **andere Ergänzungen** als ihre deutsche Übersetzung, z. B.:

fructus Tantali *manus* semper (re)fugiunt.	Die Früchte weichen immer *vor den Händen* des Tantalus zurück.
milites *hostes* fugiebant.	Die Soldaten flohen *vor den Feinden.*
cur *commodis vestris* non utimini?	Warum nutzt ihr *euren Vorteil* nicht?
Eva *Adae coniugi* persuasit[1], *ut malum ederet.*	Eva überredete *ihren Mann Adam* (dazu), *den Apfel zu essen.*
socii *a Romanis auxilium* petiverunt.	Die Verbündeten baten *die Römer um Hilfe.*

b) Häufig ist ein Verb auch mit einer Präposition zu einer neuen Bedeutungseinheit zusammengewachsen **(Kompositum).** Diese neue Bedeutungseinheit fordert bisweilen eine andere Ergänzung als das jeweilige Grundverb, z. B.:

vidēre aliquem	„jemanden sehen"	–	invidēre alicuī	„jemanden beneiden"
sequī aliquem	„jemandem folgen"	–	obsequī alicuī	„jemandem gehorchen"
sedēre	„sitzen"	–	obsidēre oppidum	„eine Stadt belagern"

c) Je nach seinem Inhalt kann dasselbe Verb auch **unterschiedliche Ergänzungen** fordern, z. B.:

scelus *commisisti.*	Du hast ein Verbrechen *begangen.*
omnia servo fido *commisisti.*	Alles hast du deinem treuen Sklaven *anvertraut.*
legati Delphos missi sunt, ut oraculum *consulerent.*	Gesandte wurden nach Delphi geschickt, (um) das Orakel zu *befragen.*
parentes saluti liberorum *consulunt.*	Eltern *sorgen* für das Wohlergehen ihrer Kinder.

d) Abhängigkeit der Ergänzungen vom Genus Verbi (Aktiv/Passiv)

Aktiv	Passiv
Romulus et Remus latrones praedā privaverunt.	latrones (a Romulo et Remo) praedā privati sunt.
Romulus und Remus beraubten die Räuber ihrer Beute.	Die Räuber wurden (von Romulus und Remus) ihrer Beute beraubt.
omnes mihi invident.	(ab omnibus) mihi invidetur.
Alle beneiden mich.	Ich werde (von allen) beneidet.

1 Zu persuadēre mit ut-Satz oder ACI vgl. 6.3.1.

⇒

Aktiv	Passiv
Athenienses Socratem capitis damnaverunt.	Socrates (ab Atheniensibus) capitis damnatus est.
Die Athener verurteilten Sokrates zum Tode.	Sokrates wurde (von den Athenern) zum Tode verurteilt.
nonnulli ex Hannibale quaesiverunt, quidnam de verbis philosophi iudicaret.	quaesitum est ex Hannibale (a nonnullis), quidnam de verbis philosophi iudicaret.
Einige fragten Hannibal, was er von den Worten des Philosophen halte.	Hannibal wurde (von einigen) gefragt, was er von den Worten des Philosophen halte.

Eine *Ergänzung im Ablativ, Dativ, Genitiv oder in Form einer präpositionalen Wendung* bleibt in derselben Form erhalten, auch wenn das Verb, von dem sie gefordert wird, im Passiv steht.

Aktiv	Passiv
vincula Remum non terrent.	Remus vinculis non terretur.
Die Fesseln schrecken Remus nicht.	Remus läßt sich von den Fesseln nicht schrecken.
Athenienses Socratem capitis damnaverunt.	Socrates ab Atheniensibus capitis damnatus est.

Dagegen tritt bei Verben, die als *Ergänzung ein Objekt* fordern, in der passivischen Formulierung eine Veränderung ein:
Das geforderte Objekt erscheint im passivischen Satz als Subjekt.

Caesar exercitum flumen traduxit.	exercitus flumen traductus est.

Bei Verben, die zwei Objekte fordern, trifft diese Veränderung nur das Objekt, das eine Person (Personengruppe) bezeichnet.

e) Von Ergänzungen sprechen wir auch bei einigen wenigen **Adjektiven:**

Ergänzungen im Ablativ

latrones praedā onusti domum redierunt.	Die Räuber kehrten beutebeladen nach Hause zurück.
Diogenes philosophus paucis contentus vitam in dolio egisse dicitur.	Mit nur wenigem zufrieden, soll Diogenes in einer Tonne gelebt haben.
qui metu vacuus vivit, beatus est.	Wer frei von Furcht lebt, ist glücklich.
sententiam homine urbano (in)dignam dixit.	Er äußerte eine Meinung, die eines kultivierten Menschen (un)würdig ist.

Ergänzungen im Dativ

volunt poetae simul et iucunda et idonea vitae dicere. cibi viribus conservandis idonei a militibus collecti sunt. dies sacrificio apta dicta est.	Dichter wollen Dinge sagen, die zugleich angenehm und dem Leben nützlich sind. Speisen, die der Erhaltung der Kräfte dienen, wurden von den Soldaten gesammelt. Ein für das Opfer passender Termin wurde angesagt.

Ergänzungen im Genitiv

Socrates iuvenes discendi cupidos saepe perturbabat. silva plena bestiarum puellam terruit. Pythagoras philosophus idem vir erat artis musicae peritus.	Sokrates brachte lernwillige junge Leute oft in Verwirrung. Ein Wald voll von Tieren schreckte das Mädchen. Der Philosoph Pythagoras war zugleich ein Musikkenner.

4.4. Erweiterungen

Die Satzteile, die vom Inhalt des Verbs nicht als Ergänzung gefordert sind, sondern zusätzliche Angaben im Satz darstellen, nennen wir Erweiterungen.
Auch Erweiterungen können ihrer Form nach sehr unterschiedlich sein: Nomina in allen Kasus, mit und ohne Präposition, nominale Verbformen, satzwertige Konstruktionen, Sätze.
Wir unterscheiden folgende drei Erweiterungen:
Adverbativ (Adverbial), Prädikativ, Attribut

4.4.1. Adverbativ (Adverbial)

Adverbativ (Adverbial oder adverbiale Bestimmung) nennen wir eine zusätzliche Angabe zu einem Verb (**„ad verbum"**). Es antwortet auf Fragen, die mit „wo", „wann", „wie", „wozu" u. ä. eingeleitet werden.
Als Adverbative (Adverbiale) können auftreten:
Adverbien, Nomina, präpositionale Wendungen, satzwertige Konstruktionen, Sätze.

Manche adverbative (adverbiale) Wendungen dieser Art erscheinen auch als Erweiterung bei Adjektiven und Adverbien, z. B.:

multō maior	viel größer
paucīs diēbus post	wenige Tage später

4.4.1.1. Adverbative (Adverbiale) in Form von Adverbien oder adverbialer Form des Adjektivs

Beispiele: **ibi, mox, herī, valdē, prīmum; sevērē, celeriter, facile.**
Die Wortart Adverb kommt fast nur in der Funktion des Adverbativs (Adverbials) vor.

heri aeger fuisti. iudici iuste iudicandum est.	Gestern warst du krank. Ein Richter muß gerecht urteilen.

4.4.1.2. Adverbative (Adverbiale) in Form von Nomina mit und ohne Präposition

a) Akkusativ in adverbativer (adverbialer) Funktion

(per) sedecim dies in montibus fuit	Er war 16 Tage lang im Gebirge.
in sex menses dictaturam accepit.	Er übernahm das Amt des Diktators für/auf 6 Monate.

Der Akkusativ bezeichnet die Zeiterstreckung („Wie lange?").

Romam / domum / in urbem profectus est.	Er kehrte nach Rom/nach Hause/in die Stadt zurück.
murus pedes viginti altus est.	Die Mauer ist 20 Fuß hoch.

Der Akkusativ bezeichnet die Richtung oder Ausdehnung.

b) Ablativ in adverbativer (adverbialer) Funktion

Man kann beim Ablativ drei Bereiche unterscheiden:
1) *Separativ* („Woher?")
2) *Instrumentalis* oder *Soziativ* („Womit?")
3) *Lokativ* („Wo?")
Innerhalb der drei Bereiche lassen sich zum Teil noch feinere semantische Unterscheidungen vornehmen.

1) Separativ

Romā / domo / ex urbe profectus est.	Er brach von Rom / von zuhause / von der Stadt aus auf.
a pueritia arti musicae studebat.	Von Kindheit an widmete er sich der Musik.
Porcia summo loco nata erat.	Porcia stammte aus vornehmem Geschlecht.

Der Ablativ gibt den *Ausgangspunkt* einer Handlung in räumlicher, zeitlicher oder übertragener Sicht an.

2) Instrumental/Soziativ

Persae sagittis pugnabant.	Die Perser kämpften gewöhnlich mit Pfeilen.
a pueris equo vehebantur.	Von Jugend an pflegten sie (zu Pferde) zu reiten.
socii fugā salutem petiverunt.	Die Verbündeten suchten ihr Heil in der Flucht.

Im Ablativ steht das *Mittel* zur Durchführung einer Handlung.
Semantischer Wert: *instrumental* (im engeren Sinn)

magno (erg. pretio) constare	viel kosten

Eine besondere Art von Mittel ist das Geld, mit dem man etwas kauft.
Semantischer Wert hier: *pretii*

Galli victoriā gavisi sunt.	Die Gallier freuten sich über ihren Sieg.
milites iussu imperatoris pontem resciderunt.	Die Soldaten rissen auf Befehl des Feldherrn die Brücke ein.

Im Ablativ steht die *Ursache* einer Handlung.
Semantischer Wert: *kausal*

homines fame vexabantur.	Die Menschen wurden vom Hunger gequält
fratres a lupa alebantur.	Die Brüder wurden von einer Wölfin genährt.

Im passivischen Satz nennt der Ablativ *Ursache* oder *Täter* einer Handlung.
Zur Angabe des Täters bei der adjektivischen nd-Form s. u. 4.4.1.2.c)2).

cum labore / summo (cum) labore hoc perfecit.	Mit Mühe / mit größter Mühe brachte er dies zustande.
silentio abierunt.	Sie zogen still ab.

Der Ablativ gibt an, in welcher *Art und Weise* oder unter welchen *Umständen* eine Handlung abläuft.
Semantischer Wert: *modal*

Scipio duabus cum legionibus in Galliam profectus est.	Scipio brach mit zwei Legionen nach Gallien auf.

Der Ablativ mit **cum** bezeichnet eine *Begleitung*.
Semantischer Wert: *soziativ*

⇒

omnes fortitudine superabat.	Er übertraf alle an Tapferkeit
hāc rē erras.	Hierin irrst du dich.
uter maior natu est?	Wer von den beiden ist älter?
mente captus es.	Du bist verrückt.

Der Ablativ nennt den *Bereich*, für den eine Aussage gilt.

quid mollius undā est?	Was ist weicher als Wasser?

Bei Komparativen gibt der Ablativ manchmal den *Gegenstand* an, *mit dem verglichen wird.*

difficile est dictu.	Es läßt sich schwer sagen.
res incredibilis auditu nuntiatur.	Eine unglaubliche Sache wird gemeldet.

Einem Ablativ der Bereichsangabe vergleichbar ist das Supinum II (Supinum auf **-u**) bei Adjektiven wie **facilis/difficilis, optimus, incrēdibilis** sowie bei **fās/nefās est** – **„es ist recht/unrecht“** (vgl. 3.2.4.c).

(Das Supinum II wird von anderen Grammatiken auch als alter Dativ erklärt.)

iter dimidio brevius erat.	Der Weg war um die Hälfte kürzer.
paucis diebus post revertit.	Wenige Tage später kehrte er zurück.

Der Ablativ gibt das *Maß* für den Unterschied zwischen zwei Größen an („Um wieviel?“).

3) *Lokativ*

loco idoneo pugnabant.	Sie kämpften in günstigem Gelände.
Apollo maxime Delphis colebatur.	Apollo wurde vor allem in Delphi verehrt.
Archimedes philosophus in Sicilia vitam egit.	Der Philosoph Archimedes lebte in Sizilien.
occasu solis flumen transierunt.	Bei Sonnenuntergang überquerten sie den Fluß.
Cato in senectute linguam Graecam didicit.	Cato lernte (erst) im Alter Griechisch.
ludis Olympiis etiam sacrificia habebantur.	Bei den olympischen Spielen veranstaltete man auch Opferfeiern.

Der Ablativ bezeichnet den *Ort* oder *Zeitpunkt* einer Handlung.
Semantischer Wert: *lokativ* (im engeren Sinne) („Wo?“) bzw. *temporal* („Wann?“)

Rōmae	in Rom	domī	zuhause
Corinthī	in Korinth	vesperī	abends

In einigen Fällen, besonders bei Städtenamen der o/a-Deklination, haben sich Reste eines alten Kasus Lokativ erhalten (Endung **-ī**; **Romae** aus **Romai**).

c) Dativ in adverbativer (adverbialer) Funktion

non scholae, sed vitae discimus.	Nicht für die Schule, sondern für das Leben lernen wir.
parentes liberis, non sibi divites esse volunt.	Eltern wollen für ihre Kinder, nicht für sich reich sein.

Im Dativ steht die Person/Sache, in deren *Interesse* etwas geschieht.

multae res mihi agendae sunt.	Ich muß vieles erledigen.

Bei adjektivischen nd-Formen, die in der Funktion eines Prädikatsnomens verwendet werden, bezeichnet der Dativ den *Täter* der Handlung.

Auch in passivischen Sätzen, bes. bei Formen mit Partizip Perfekt Passiv, kann es vorkommen, daß der Täter im Dativ (statt im Ablativ mit **a**) genannt wird, z. B.:

mihi deliberatum est consulatum bene gerere.	Ich bin fest entschlossen, mein Amt als Konsul gut zu versehen.
cur tibi consulatus quaeritur?	Warum strebst du nach dem Konsulat?

haec res mihi saluti erat.	Dies war meine Rettung.
homines mendaces ei odio erant.	Er haßte Lügner.

Bei einem Dativ in der Funktion eines Prädikatsnomens (**salūtī est; odiō est**) bezeichnet ein zweiter Dativ die Person, die *Nutzen* oder *Schaden* aus einem Sachverhalt zieht (vgl. 4.1.2.2.).

copiae auxilio mittuntur.	Truppen wurden zu Hilfe geschickt.

Bei Verben wie **mittere, dare, venīre** (oft innerhalb des militärischen Sachbereiches) bezeichnet der Dativ den *Zweck* einer Handlung.
Semantischer Wert: *final*

copiae sociis auxilio mittuntur.	Den Bundesgenossen wurden Truppen zu Hilfe geschickt.
Romani sociis subsidio venerunt.	Die Römer kamen den Bundesgenossen zu Hilfe.

In der Regel sind dieser Dativ und das Verb zu einer eigenen Bedeutungseinheit zusammengewachsen, so daß sich die Frage, ob ein Dativ wie **subsidiō, auxiliō** Erweiterung oder Ergänzung ist, nicht eindeutig lösen läßt. Ebenso muß auch die Bestimmung des zweiten Dativs (hier **sociīs**) offen bleiben.

d) Genitiv in adverbativer (adverbialer) Funktion
bei Verben des (Ver-)Kaufens zur Angabe des Preises, z. B.:

quanti servos vendidisti?	Für wieviel hast die Sklaven verkauft?

(Vgl. auch Abl. zur Angabe des Preises: 4.4.1.2.b)

4.4.1.3. Adverbative (Adverbiale) in Form von satzwertigen Konstruktionen

Beispiele:

Troiā deletā Graeci domum navigaverunt.	Nach der Zerstörung Troias segelten die Griechen nach Hause zurück.
canes utiles sunt ad domos custodiendas.	Hunde sind nützlich zur Bewachung von Häusern.

Zusammenfassende Darstellung unter 5.2.2. Nr. 27—28.

4.4.1.4. Adverbative (Adverbiale) in Form von Sätzen

Einleitende Konjunktionen z. B. cum, dum, sī, quamquam

Beispiele:

dum Tarquinii ea verba reputant, Brutus ad terram cecidit.	Während die Tarquinier diese Worte bedachten, fiel Brutus zu Boden.
non ideo vivimus, ut studeamus, sed studemus, ut bene vivamus.	Wir leben nicht, um uns abzumühen, sondern wir mühen uns, um gut zu leben.

Zusammenfassende Darstellung unter 5.2.2. Nr. 1—22.

4.4.2. Prädikativ

puer in casa pastoris tutus vixit.	Der Junge lebte sicher in der Hütte des Hirten.

tūtus kongruiert mit **puer,** enthält aber vornehmlich eine adverbative (adverbiale) Bestimmung zu **vīxit** („Wie lebte er?").

Eine solche nominale Erweiterung des Satzes, die einerseits mit einem Beziehungswort kongruiert, andererseits auch eine adverbative (adverbiale) Bestimmung zum Prädikat enthält, nennen wir Prädikativ.

Erscheinungsformen des Prädikativs:

a) Adjektiv

decima legio prima advenit. deus ignotus ad Ream venit.	Die Zehnte Legion kam als erste an. Der Gott kam unerkannt zu Rea.

b) Substantiv

Cato senex linguam Graecam didicit.	Cato lernte als alter Mann Griechisch.

c) Partizip (häufigste Form) — **nd-Form**

Sabini sine armis Romam venerunt vim nullam timentes.	Die Sabiner kamen ohne Waffen nach Rom, da sie keine Gewalt fürchteten.
discipulis lectio reddenda mandatur.	Den Schülern wird die Wiederholung der Lektion aufgegeben.

Zusammenfassende Behandlung unter 5.2.2. Nr. 26 und Nr. 28.

d) Relativsatz im Konjunktiv

tandem legati missi sunt, qui bellum indicerent.	Schließlich schickte man Gesandte, die den Krieg erklären sollten.

Zusammenfassende Behandlung unter 5.2.2. Nr. 24.

4.4.3. Attribut

Attribut nennen wir eine zusätzliche nähere Bestimmung zu einem Nomen, die auf die Frage „Was für ein . . .?", „Welcher . . .?" u. ä. antwortet.
Als Attribute können auftreten: **kongruierende Nomina, Nomina im Genitiv** oder **Ablativ, Relativsätze** (im Indikativ).

4.4.3.1. Attribute in Form von kongruierenden Adjektiven, Pronomina, Partizipien oder nd-Formen

bestiam horribilem occidit.	Er erschlug das schreckliche Tier.
ea verba dixit voce submissa.	Diese Worte sprach er mit gedämpfter Stimme.
librum legendum edidit.	Er hat ein lesenswertes Buch veröffentlicht.

Je nach der Bedeutung des Adjektivs könnte man auch bei adjektivischem Attribut semantische Werte unterscheiden (vgl. 4.4.3.3.), z. B.:

domus regia	Königspalast (possessiv)
bellum civile	Bürgerkrieg (subjektivisch)
cupido muliebris	Verlangen nach einer Frau (objektivisch)

4.4.3.2. Attribute in Form von kongruierenden Substantiven („Apposition")

Cicero, orator ille romanus, patriam e periculo servavit.	Cicero, der berühmte römische Redner, rettete sein Vaterland.

Die Apposition kommt meistens als Erläuterung von Eigennamen vor. Sie wird oft durch Kommata eingeschlossen.

4.4.3.3. Attribute in Form von Nomina im Genitiv oder Ablativ

Wenn ein Attribut die Form eines Substantivs im Genitiv oder Ablativ hat, kann man verschiedene semantische Werte des Attributs unterscheiden.

a) Ablativ oder **Genitiv** in attributiver Funktion

virum insigni virtute eligerunt.	Sie wählten einen außerordentlich tüchtigen Mann.
homines inferioris ordinis non contemnunt.	Sie verachten Leute aus niederem Stande nicht.

⇒

Das Substantiv im Ablativ oder Genitiv, das stets durch ein adjektivisches Attribut erläutert wird, gibt eine *Eigenschaft* der mit dem übergeordneten Nomen gemeinten Person/Sache an. Semantischer Wert: *qualitativ*[1]

b) Genitiv in attributiver Funktion

domum patris vendidit. fabularum librum scripsit.	Er verkaufte das Haus des Vaters. Er schrieb ein Fabelbuch.

Das Substantiv im Genitiv bezeichnet den *Besitzer* oder drückt eine *Zugehörigkeit* aus. Semantischer Wert: *possessiv*[1]

res gestae Aemilii Paulli notissimae sunt. magnus erat timor hominum.	Die Taten des Ämilius Paullus sind allbekannt. Groß war die Furcht der Menschen.

Im Genitiv steht der *Urheber* oder *Träger* der im übergeordneten Substantiv enthaltenen Handlung oder Empfindung.
Semantischer Wert: *subjektivisch*

poenae timore multi verum non dicunt. homini cupido discendi innata est.	Aus Furcht vor Strafe sagen viele nicht die Wahrheit. Der Mensch besitzt ein angeborenes Verlangen, etwas zu lernen.

Im Genitiv steht das *Objekt*, auf das sich die im übergeordneten Substantiv enthaltene Handlung oder Empfindung richtet.
Semantischer Wert: *objektivisch*

quis vestrum? oratorum famosissimus fuit. dimidium praemii accepit.	Wer von euch? Er war der berühmteste Redner. Er nahm die halbe Belohnung an.

Im Genitiv steht das *„Ganze"*, von dem nur ein *Teil* betrachtet wird.
Semantischer Wert: *partitiv*

4.4.3.4 Attribute in Form von Relativsätzen
Beispiel:

poeta carmen, quod fecerat, amicis recitavit.	Der Dichter trug das Gedicht, das er gedichtet hatte, seinen Freunden vor.

Zusammenfassende Behandlung unter 5.2.2. Nr. 23.

---

1) Die semantischen Werte *„qualitativ"* und *„possessiv"* können auch in Verbindung mit esse auftreten, d. h. wenn das Substantiv im Ablativ oder Genitiv die Funktion eines Prädikatsnomens hat (vgl. 4.1.2.2.), z. B.:

Hannibal magnae fortitudinis / magna fortitudine erat.	Hanibal war äußerst tapfer.
domus patris est.	Das Haus gehört dem Vater.

5. Sätze

5.0. Allgemeines

5.0.1. Der einfache Satz

a) Die funktionalen Beziehungen innerhalb von Sätzen sind in Kapitel 4 dargestellt, und zwar bezogen auf einfache unabhängige Sätze.
Wenn unabhängige Sätze in einem Kontext aufeinander folgen, entsteht eine **Satzreihe.** Die reihende Satzordnung nennt man auch **Parataxe** (Adjektiv: parataktisch).

b) Die inhaltlichen Beziehungen zwischen den Sätzen einer Satzreihe können durch Partikel verdeutlicht werden. Diese Partikel nennt man *beiordnende Konjunktionen.* Dazu gehören u. a. **deinde, et, aut, sed, nam, tamen, itaque.**

5.0.2. Zusammengesetzte Sätze

a) Funktionen in einem Satz können auch durch Sätze übernommen werden (vgl. z. B. 4.2.4., 4.3.1.3., 4.4.1.4.). Solche Sätze werden — analog zu den Satzgliedern des einfachen Satzes — einem anderen Satz eingegliedert: Es entsteht ein **Satzgefüge** aus einem *übergeordneten* (Haupt-)Satz und einem oder mehreren *untergeordneten* (Glied-/Neben-)Sätzen.
Eine solche Ordnung von Sätzen nennt man auch **Hypotaxe** (Adjektiv: hypotaktisch).

b) Die Gelenkstellen zwischen den Sätzen des Satzgefüges werden meist durch Verbindungswörter gebildet: entweder durch *Relativpronomina* oder durch *unterordnende Konjunktionen.* (Entsprechend werden in manchen Grammatiken die untergeordneten Sätze in Relativsätze und Konjunktionalsätze unterteilt.)

c) Die Funktion, die ein untergeordneter Satz im Satzgefüge erfüllt, ist oft schon an dem Verbindungswort (Konjunktion oder Relativpronomen) erkennbar. Allerdings ist die Zuordnung von Konjunktion bzw. Relativpronomen und Funktion des Nebensatzes in einigen Fällen nicht eindeutig: Dieselbe Konjunktion kann untergeordnete Sätze verschiedener Funktion einleiten, z. B. **ut, quod** (vgl. dazu die Tabellen 5.2.1. und 5.2.2.).

5.0.3. Satzwertige Konstruktionen

Funktionen innerhalb eines Satzes können auch durch satzwertige Konstruktionen ausgefüllt werden (z. B. ACI, Partizipialkonstruktionen, vgl. 5.2.1. Nr. 16—17 und 5.2.2. Nr. 26—29). Diese Konstruktionen sind keine Sätze, werden also auch nicht durch Konjunktionen oder Relativpronomina eingeleitet. Sie können aber inhaltlich als untergeordnete Sätze aufgefaßt und als solche übersetzt werden.

5.0.4. Modi, semantische Werte, Tempora

5.0.4.1. Sprechabsicht und Modus

Man kann Sätze nach der **Absicht des Sprechenden** (manchmal auch Sprecherintention oder Sprechgestus genannt) unterscheiden:
- der Sprechende fragt nach etwas,
- der Sprechende bittet, wünscht, befiehlt,
- der Sprechende stellt einen Sachverhalt dar.

Mittel, um die Absicht des Sprechenden deutlich zu machen, sind unter anderen: Wortstellung, Signalwörter, beim gesprochenen Satz auch Tonfall, beim geschriebenen Satz manchmal die Satzzeichen.
Ein wesentliches Zeichen für die Sprechabsicht ist aber der **Modus** des Verbs. Es gibt im Lateinischen drei Modi: Indikativ, Konjunktiv, Imperativ.

- Der **Indikativ** zeigt an, daß der Sprechende das Mitgeteilte als Tatsache darstellen will; dieser Modus gibt der Aussage den Charakter der Objektivität.
- Der **Konjunktiv** deutet an, daß die Aussage nicht nur von den Sachverhalten als solchen bestimmt ist, sondern vorwiegend von den Vorstellungen des Sprechers über die Sachverhalte: Dabei können zum Ausdruck kommen: Wunsch, Absicht, Aufforderung, Möglichkeit, Unwirklichkeit, Abhängigkeit der Vorgänge voneinander.[1]
- Der **Imperativ** drückt Befehle aus.

Nicht immer ist die Sprecherabsicht bereits an der äußeren Form des Satzes ablesbar. Eine Frage ist manchmal wie eine Behauptung formuliert (z. B.: **Du gehst weg?**), manchmal ist die Behauptung in eine Scheinfrage gekleidet (z. B.: **Wer wird einem bekannten Lügner noch glauben wollen?**); auch die Aufforderung kann wie eine — vorweggenommene — Tatsache ausgesprochen werden (z. B.: **Du gehst sofort ins Bett!**).

5.0.4.2. Die semantischen Werte von Funktionen und Formen

Vom **semantischen Wert** wird in unterschiedlichen Zusammenhängen gesprochen:

- bei den *Funktionen:*
  Durch die Funktion wird die formale Zuordnung der Satzglieder bzw. Gliedsätze zueinander bestimmt; als semantischen Wert bezeichnen wir die inhaltliche Färbung des jeweiligen funktionalen Verhältnisses.[2]
  Beispiel: Das Genitiv-Attribut kann u. a. ein Besitzverhältnis (**casa Faustuli**) oder eine Zielvorstellung (**fames maiōrum „der Hunger nach Größerem“**) oder den Ausführenden (**res gestae Romanorum**) oder eine allgemeine Bestimmung (**multitudo militum**) angeben.
- beim *Konjunktiv:*
  Der Konjunktiv deutet an, daß die Aussage mehr von den Vorstellungen des Sprechenden bestimmt wird (vgl. 5.0.4.1.); dabei unterscheiden wir semantische Werte wie z. B.: optativisch (Wunsch) oder dubitativ (Aus-

---

1 Zum Konjunktiv in Hauptsätzen vgl. 5.1.2., 5.1.3.2. und 5.1.1.5.
Zur Übersetzung des Konjunktivs vgl. 6.3.4.

2 Zu den semantischen Werten von Adverbativen (Adverbialen) vgl. 5.2.2.b.)

druck der Unsicherheit) oder final (Zwecksetzung) oder irreal (Ausdruck der Unwirklichkeit).

- bei den *Tempora:*
  Die Form des Verbs gibt zuerst eine Zeitstufe und evtl. das Zeitverhältnis zwischen mehreren Vorgängen an (vgl. 5.0.4.3.); sie kann aber auch anzeigen,wie eine Handlung (in der Zeit) verläuft; ob sie versucht wird, ob sie (noch) andauert, wiederholt wird, neu eintritt, oder als abgeschlossen festgestellt wird (vgl. 6.3.3) — das können wir den semantischen Wert einer Verbform in einem bestimmten Tempus nennen.

Aus dieser Zusammenfassung wird sichtbar:
Der semantische Wert gibt für Funktionen und Formen eine zusätzliche inhaltliche Bestimmung; er ist nur mit Hilfe des Kontextes zu bestimmen.

5.0.4.3. Zeitverhältnisse[1]

In einem Satzgefüge werden mehrere Vorgänge zu einander in Beziehung gesetzt; dabei kann im Lateinischen die **zeitliche Ordnung des Geschehens** durch die Verbformen genau ausgedrückt werden: Diese zeigen an, ob eine Nebenhandlung *gleichzeitig, vorzeitig* oder *nachzeitig* zur jeweils übergeordneten Handlung ist. (Die Ausdrücke „gleichzeitig", „vorzeitig", „nachzeitig" beziehen sich also immer auf eine untergeordnete Verbform im Verhältnis zu der ihr übergeordneten.)

Leicht überschaubar sind die Zeitverhältnisse
— bei nicht-konjugierten Verbformen (Infinitive/Partizipien)
— in konjunktivischen Nebensätzen.

Grundsätzlich gilt:

- Formen des Präsensstammes zeigen Gleichzeitigkeit an.
- Formen des Perfekt- bzw. Supinstammes zeigen Vorzeitigkeit an.
- Formen auf **-ūrus, -ūra, -ūrum** oder das Supinum mit **īrī** zeigen Nachzeitigkeit an.

a) Nicht-konjugierte Verbformen
Infinitive

Mercurius videt/videbat/vidit omnes deos convenire. (gleichz.)	Merkur sieht / sah, daß alle Götter zusammenkommen / zusammenkamen.
Mercurius nuntiat / nuntiavit omnes deos convenisse. (vorz.)	Merkur meldet / meldete, daß alle Götter zusammengekommen seien.
Iupiter sperat / speraverat consilium suum ab omnibus deis probatum iri. (nachz.)	Jupiter hofft / hatte gehofft, daß sein Plan von allen Göttern gebilligt (werden) würde.

1 Zur Bedeutung der Tempora vgl. 6.3.3.

⇒

Partizipien[1]

domum reversurus (nachz.) filius omnia negotia confecit.	In der Absicht, nach Haus zurückzukehren, brachte der Sohn alle Geschäfte zum Abschluß.
domum revertens (gleichz.) certior factus est matrem aegrotam esse.	Auf der Heimreise erhielt er die Nachricht, daß seine Mutter krank sei.
domum celerrime reverso (vorz.) vicini nuntiant matrem mortuam esse.	Schnellstens nach Haus zurückgekehrt, erfuhr er von den Nachbarn, daß seine Mutter gestorben sei.

Infinitiv und Partizip Präsens zeigen **Gleichzeitigkeit an,**
Infinitiv und Partizip Perfekt zeigen **Vorzeitigkeit**[2] an,
Infinitiv und Partizip Futur zeigen **Nachzeitigkeit** an,
jeweils der untergeordneten zur übergeordneten Handlung — unabhängig von der Zeitstufe des übergeordneten Verbs.

b) Konjunktivische Nebensätze

quaerit / quaeret ex me, quid { agas. / egeris. / acturus sis.	Er fragt mich / wird mich fragen, was du { tust / tuest. / getan hast / habest. / tun wirst / werdest,
quaerebat / quaesivit ex me, quid { ageres. / egisses. / acturus esses.	Er fragte mich, was du { tust / tätest. / getan hast / habest. / tun wirst / werdest.
optat, ut venias.[3] optavit, ut venires.[3]	Er wünscht, daß du kommst. Er wünschte, daß du kommst.

1 Zur Übersetzung der Partizipien vgl. 6.4.

2 Manchmal drückt ein Partizip Perfekt (besonders von einem Deponens) eine Handlung aus, die gleichzeitig zur übergeordneten Handlung verläuft, z. B.:

Helvetii angustos se fines habere arbitrati patria exire statuerunt.	In der Meinung, ein zu kleines Gebiet zu besitzen, beschlossen die Helvetier auszuwandern.

3 In abhängigen Wunsch-, Final- und Konsekutivsätzen wird die Nachzeitigkeit nicht eigens ausgedrückt: Es steht der Konjunktiv der Gleichzeitigkeit.

Die in konjunktivischen Nebensätzen signalisierten Zeitverhältnisse des untergeordneten zum übergeordneten Verb zeigt folgende Übersicht:

	Zeitstufe des übergeordneten Verbs Gegenwart[1]	 Vergangenheit[2]	Zeitverhältnis
Form des untergeordneten Verbs	Konjunktiv I Gleichzeitigkeit	Konjunktiv II Gleichzeitigkeit	**Gleichzeitigkeit**
	Konjunktiv I Vorzeitigkeit	Konjunktiv II Vorzeitigkeit	**Vorzeitigkeit**
	Umschreibung mit Part. Futur und Konj. I Gleichz. von esse	Umschreibung mit Part. Futur und Konj. II Gleichz. von esse	**Nachzeitigkeit**[3]

c) Indikativische Nebensätze

In indikativischen Nebensätzen wird die zeitliche Zuordnung der Vorgänge etwas freier gehandhabt:

Vorzeitigkeit

Am ehesten entspricht die Anzeige der Vorzeitigkeit der oben skizzierten grundsätzlichen Tempusordnung:

Romulus omnia { narrat, / narrabat / narravit, / narrabit,	Romulus { erzählt / erzählte alles, / wird erzählen,
quae { audivit. / audiverat. / audiverit.	was er { gehört hat. / gehört hatte. / hört / gehört hat.

Ein Tempus des Perfekt- bzw. Supinstammes im untergeordneten Satz zeigt an, daß die untergeordnete Handlung **vorzeitig** zur übergeordneten Handlung ist.

---

1 Auch Formen wie nōvi – „ich weiß" zählen als Gegenwartstempus.

2 Auch das historische Präsens (vgl. 6.3.3.1.) gilt im allgemeinen als Vergangenheitstempus.

In Konsekutivsätzen findet sich manchmal nach einem übergeordneten Vergangenheitstempus der Konjunktiv I: Hier drückt die Konjunktivform nicht das zeitliche Verhältnis der Vorgänge zu einander aus, sondern zeigt an, daß die im Nebensatz angegebene Folge noch in die Gegenwart hineinreicht oder als Tatsache der Vergangenheit konstatiert wird, z. B.:

Romani tanta copia lignorum usi sunt, ut nostris temporibus nullae iam paene silvae in Italiae sint.	Die Römer haben eine solche Menge Holz gebraucht, daß es heute fast keine Wälder mehr in Italien gibt.
ita se gessit in magistratu, ut nihil nisi de rei publicae commodis cogitaverit.	So (vorbildlich) benahm er sich bei seiner Amtsführung, daß er nur an die Vorteile des Staates dachte.

3 In abhängigen Wunsch-, Final- und Konsekutivsätzen wird die Nachzeitigkeit nicht eigens ausgedrückt: Es steht der Konjunktiv der Gleichzeitigkeit.

Im allgemeinen finden sich folgende Zuordnungen:

Tempus des untergeordneten Verbs	Tempus des übergeordneten Verbs
vorzeitig zu	
Perfekt[1]	Präsens
Plusquamperfekt	Imperfekt / Perfekt[2/3]
Futur II	Futur I

Gleichzeitigkeit

donec dives { est, amatur. / erat, amabatur.	Solange er reich { ist, wird / war, wurde } er geliebt.
pergratum mihi fecisti, quod illum librum ad me misisti.	Du hast mir einen sehr großen Gefallen getan, mir jenes Buch zu schicken.
dixi tibi quae sentiebam.[3]	Ich habe dir meine Meinung gesagt.
si in periculo eris, quid ages?	Wenn du in Gefahr bist, was wirst du tun?

Erscheint im untergeordneten Satz dasselbe Tempus wie im übergeordneten[3], so sind die beiden Handlungen als **gleichzeitig** dargestellt[4].

Nachzeitigkeit

domus illa, ubi mansurus erat / manere voluerat, hac nocte corruit.	Das Haus, in dem er zu bleiben vorhatte, ist heute nacht eingestürzt.

Nachzeitigkeit in indikativischen Nebensätzen wird meistens umschrieben mit Formen auf **-urus** oder Hilfsverben wie **velle, posse, debere.**

1 In Nebensätzen, die mit **ubi primum, cum primum („sobald“); postquam („nachdem“)** u. ä. eingeleitet werden, zeigt das Perfekt auch Vorzeitigkeit zu einer Vergangenheitshandlung an (vgl. 5.2.2. Nr. 3 und 4).

2 Auch das „dramatische Präsens“ gilt als Vergangenheitstempus (vgl. 6.3.3.1.).

3 Imperfekt und Perfekt werden nicht zeitlich unterschieden sondern nach ihrer Bedeutung: linear (Imperfekt) — punktuell (Perfekt) (vgl. 6.3.3.2. u. 3.).

4 In Nebensätzen, die mit **dum – „während“** eingeleitet werden, zeigt das Präsens Gleichzeitigkeit auch zu einer Handlung der Vergangenheit an (vgl. 5.2.2. Nr. 1).

Einzelbetrachtungen zur Satzlehre

5.1. Die unabhängigen Sätze

Bei den unabhängigen Sätzen ergibt sich aus der Absicht des Sprechenden eine inhaltliche Unterscheidung der Satzarten in **Fragesätze, Wunschsätze** und **Aussagesätze.**

5.1.1. Fragesätze

Es gibt mehrere Arten von Fragesätzen:
Wort- oder Ergänzungsfragen, Satz- oder Entscheidungsfragen, Doppelfragen, außerdem *rhetorische Fragen* und *dubitative Fragen.*

5.1.1.1. Wort- oder Ergänzungsfragen

quid poeta illā fabulā docere vult?	Was will der Dichter (uns) mit dieser Fabel lehren?
quo morbo laborat amicus tuus?	An welcher Krankheit leidet dein Freund?
cur homines colunt deos?	Warum verehren die Menschen die Götter?

Wort- oder **Ergänzungsfragen** werden durch ein *Fragepronomen,* wie z. B. **quis, quid; uter,** oder durch ein *Fragewort,* wie z. B. **cūr; quandō,** eingeleitet, das eine bestimmte ergänzende Information erfragt.

5.1.1.2. Satz- oder Entscheidungsfragen

nonne homines putabant Iovem esse omnium rerum rectorem?	Glaubten denn die Menschen nicht, daß Jupiter der Lenker aller Dinge sei?
num deus probavit istam iniuriam?	Billigte Gott etwa dieses Unrecht?
creditisne nos diutius resistere posse?	Glaubt ihr, daß wir noch länger Widerstand leisten können?

Satz- oder **Entscheidungsfragen** werden durch die *Fragepartikel* **nōnne, num, -ne** eingeleitet (letztere meist an das Verb oder an das erste Wort im Satz angehängt). In diesen Sätzen wird ein Sachverhalt als Ganzes in Frage gestellt; als Antwort wird eine Bejahung oder Verneinung erwartet.
Durch die Fragepartikel deutet der Fragende an, welche Antwort er erwartet:
bei **nōnne** eine bejahende,
bei **num** eine verneinende Antwort;
-ne ist ein neutrales Fragesignal.

5.1.1.3. Doppelfrage

utrum indignam pacem componere **an** vos nomine romano dignos praestare mavultis?	Wollt Ihr lieber einen würdelosen Frieden schließen oder euch des römischen Namens würdig zeigen?
damnatus**ne** Aesculapius est a Iove **an** servatus?	Wurde Äskulap von Jupiter verurteilt oder wurde er gerettet?
haruspices id loquuntur **an** patrii di?	Sagen das die Wahrsager oder die Götter unserer Väter?

In der **Doppelfrage** werden zwei (oder mehrere) Möglichkeiten ausdrücklich zur Wahl gestellt. Das erste Glied der Doppelfrage wird eingeleitet durch **utrum** oder **-ne,** das zweite (und die folgenden) durch **an.** Nicht selten fehlt das Fragesignal im ersten Glied.

nemo est, qui iracundiam utilem esse dicat aut naturalem. **an** quicquam est secundum naturam, quod repugnat rationi?	Es gibt niemanden, der den Jährzorn als etwas Nützliches oder Natürliches bezeichnet. (Kann denn Zorn nützlich sein oder . . .) Kann überhaupt etwas naturgemäß sein, was der Vernunft widerspricht?

Manchmal sind auch einfache Fragen durch **an** eingeleitet. Man kann sie sich als das zweite Glied einer Doppelfrage erklären, bei der das erste nicht ausdrücklich formuliert, aber aus dem Zusammenhang denkbar ist.

5.1.1.4. Scheinfrage (rhetorische Frage)

(Aus einer Anfeuerungsrede vor einem Aufstand:)

nonne emori per virtutem praestat quam vitam miseram atque inhonestam per dedecus amittere?	Ist es nicht besser, ehrenvoll zu fallen statt ein elendes und ehrloses Leben mit Schande zu verlieren?

Um der größeren Wirkung beim Zuhörer willen wird als Frage formuliert, was als Behauptung gemeint ist. Von der Verwendung als Stilmittel in der Rede her wird diese Frage als **rhetorische Frage** bezeichnet.
Formal unterscheidet sie sich nicht von den anderen Frageformen.

5.1.1.5. Dubitative Frage

quid faciamus, mi pater?	Was sollen wir tun, Vater?
quid ego nunc cum illo **agam**?	Was soll ich denn jetzt mit dem da machen?

Der Sprecher drückt Unsicherheit und Ratlosigkeit aus durch eine Frage an sich selbst (diese Art des Fragesatzes steht folglich fast ausnahmslos in der 1. P. Sg. oder Pl.): Wir bezeichnen solche Fragen als **dubitative Fragen.**
Der Modus der dubitativen Frage ist der Konjunktiv.

5.1.2. Befehl, Wunsch, Aufforderung

5.1.2.1. Der Befehl

mecum ex concilio excedentes sententiam manifestam reddite!	Verlaßt mit mir diese Versammlung und macht so eure Meinung deutlich!
calumniare (Dep.) audacter, semper aliquid haeret!	Verleumde kühn drauf los, es bleibt schon immer etwas hängen!
nolite vim adhibere!	Wendet keine Gewalt an!
esto!	So soll es sein!
rebus parvis gaudere mementote!	Denkt immer daran, euch an Kleinigkeiten zu freuen!

Der *Imperativ* zeigt an, daß der Sprechende einen **Befehl** formuliert.
Die Verneinung des Befehls (das **Verbot**) wird durch die Verbindung des Imperativs von **nōlle** mit dem Infinitiv des Verbs ausgedrückt.
Imperativformen auf **-tō/-tōte** zeigen an, daß der Befehl allgemeine Gültigkeit haben soll (Verneinung: **nē**).

5.1.2.2. Der Wunsch, die Aufforderung[1]

a)

di tibi semper faciant bene!	Die Götter mögen Dir immer Gutes tun!
velim valeant amici!	Den Freunden möge es gut gehen!
ne incidamus in illius tyrannus manus!	Hoffentlich fallen wir nicht in die Hände dieses Tyrannen!

Der Modus für **Wunsch** und **Aufforderung** ist der *Konjunktiv;* der semantische Wert dieses Konjunktivs heißt *optativisch.*
Ein Wunsch kann durch Signalwörter wie **utinam, velim, (ut)** angekündigt werden; die Verneinung wird durch **nē** angezeigt.

b)

videamus, quis hoc ludo vincat!	Sehen wir mal zu, wer in diesem Spiel siegt!
redeamus in patriam, frater!	Komm, wir wollen in unsere Heimat zurückkehren, Bruder!

In der *1. Person Plural des Konjunktivs I* ist manchmal eine Aufforderung des oder der Sprechenden an sich selbst enthalten: „Laßt uns . . ." Daher wird dieser optativische *Konjunktiv* (Verneinung durch **nē**) auch als *„adhortativ" bezeichnet* (adhortārī – „ermahnen auffordern").

1 Zur Übersetzung der Konjunktive vgl. 6.3.4.1.

c)

ne molestus mihi sis! ne feceris, quod dubites! ne mortem timueritis!	Sei mir nicht lästig! Tu das nicht, worüber du nicht sicher bist! Fürchtet euch nicht vor dem Tod!

Der mit **nē** verneinte *Konjunktiv I in der 2. Person* — meist Konj. I Vorz.[1] — ersetzt manchmal einen verneinten Imperativ; er wird deshalb auch *„prohibitiver" Konjunktiv* genannt.

d)

utinam aures meae surdae essent, ne tam turpia audirent! nollem frater cecidisset!	Wäre ich doch taub, damit ich nicht solche Gemeinheiten hören müßte! Wäre mein Bruder doch nicht gefallen!

Der *Konjunktiv II* zeigt an, daß der Sprechende selbst seinen Wunsch für nicht erfüllbar hält. Semantischer Wert des Modus: *irreal-optativisch*.
Als Signale für unerfüllbare Wünsche finden wir **utinam, vellem, māllem;** verneint: **utinam nē, nōllem.**

e) Eine andere Form der Aufforderung findet sich im *Gerundivum;* dazu siehe 6.4.2.

5.1.3. Aussagesätze

5.1.3.1.

urbs Roma a Romulo condita est.	Rom wurde von Romulus gegründet.
magna gloria urbis Romae per omnes gentes nota est.	Roms großer Ruhm ist bei allen Völkern bekannt.

Aussagesätze stellen etwas als tatsächlich gegeben hin. Modus: *Indikativ.* (Verneinung: **non**)

5.1.3.2. Der ausgesagte Sachverhalt kann aber auch in einem gleichsam gebrochenen Verhältnis zur Wirklichkeit dargestellt werden:

a)

nullam virtutem istius viri magis quam celeritatem laudaverim.	Ich könnte (möchte) keine Fähigkeit dieses Mannes mehr loben als seine Schnelligkeit.
hoc sine ulla dubitatione dicat.	Das könnte er wohl ohne Zögern bestätigen.
haud facile discerneres, utrum fratri an amico carior esset.	Man hätte schwerlich unterscheiden können, ob der Bruder oder der Freund ihn mehr liebte.

1 aus sprachgeschichtlichen Gründen — ohne Folgen für die Übersetzung

Der Sachverhalt wird mit aller Vorsicht oder als bloße Möglichkeit dargestellt.
Modus: *Konjunktiv*[1]; semantischer Wert: *potential (Verneinung:* **nōn**).
Im Konjunktiv I — auch in seiner Vorzeitigkeitsform[2] — bezieht sich die potentiale Aussage immer auf die Gegenwartszeit dessen, der spricht; allein der Konjunktiv II der Gleichzeitigkeit gibt eine potentiale Aussage der Vergangenheit wieder (s. Beispiel 3).

sint sane superbi isti viri, nihil id ad nos attinet.	Mögen diese Männer auch überheblich sein, uns geht das nichts an.
vires deficiant, animus (tamen) omnia vincit.	Auch wenn die Kräfte nachlassen, der Wille überwindet (dennoch) alles.

Wenn eine potentiale Aussage in Beziehung zu einer anderen Aussage tritt, so entsteht ein konzessives (einen gegenteiligen Gedanken einräumendes) Verhältnis der beiden Sätze. Der semantische Wert wird also als *konzessiv* bezeichnet.

b)

quid paucarum rerum accessio eum iuvare potuisset?	Was hätte ihm der Zufluß so geringer Mittel auch nutzen können?

Der *Konjunktiv II*[1] deutet oft an, daß die Handlung zwar denkbar ist, in Wirklichkeit aber nicht stattfindet bzw. stattgefunden hat.
Semantischer Wert: *irreal*[3] (Verneinung: **nōn**).

In der Regel erscheint diese Darstellungsform im Bedingungssatzgefüge (vgl. 5.2.2. Nr. 14); z. B.:

tibi molestus non fuissem, si omnia providere potuissem!	Ich wäre dir nicht lästig gefallen, wenn ich alles hätte voraussehen können.

1 Zur Übersetzung der Konjunktive vgl. 6.3.4.1.
2 aus sprachgeschichtlichen Gründen — ohne Folgen für die Übersetzung
3 Bei Wendungen, die ein Können, Sollen, Müssen o. ä. wiedergeben, wird der lateinische Indikativ im Deutschen manchmal irreal übersetzt (vgl. 6.3.4.4.).

5.2. Untergeordnete Sätze und satzwertige Konstruktionen

In einem Satzgefüge kann man die untergeordneten Sätze (Nebensätze) auch nach der Funktion ordnen und benennen, die sie im übergeordneten Satz (d. h. im Verhältnis zum Prädikat des Hauptsatzes) erfüllen.
Wir finden also **untergeordnete Sätze** als:

- **Subjekt**
- **Ergänzung,** insbesondere als *Objekt*
- **Erweiterung:** *Adverbativ (Adverbial) / Attribut / Prädikativ*

Auch **satzwertige Konstruktionen** kann man nach ihrer Funktion innerhalb eines Satzes bestimmen, als:

- **Subjekt:** } **ACI (und NCI)**
- **Objekt:** }
- **Erweiterung:** Konstruktionen mit Partizip, nd-Form oder Supinum als *Adverbativ (Adverbial) / Prädikativ / Attribut*

Neben der Einteilung nach Funktionen gibt es bei Nebensätzen und satzwertigen Konstruktionen auch noch inhaltliche Unterscheidungen, etwa nach der *Sprecherabsicht* (Aussage, Frage, Wunsch, vgl. 5.0.4.1.) oder nach *semantischen Werten* (z. B. optativisch, final u. a. m., vgl. 5.2.2.b).

Ergänzungen in Form von Sätzen

Nr.	Übergeordneter Satz (HS)	Untergeordneter Satz (NS)	
	Textmerkmale (Verben, ggf. Signalwörter)	Konjunktion/Bedeutung (bzw. Fragewort)	Modus
	Fragesätze		
1	meist Verb, das eine Tätigkeit des Geistes oder der Sinne bezeichnet, z. B.: **rogare, audire, scire, nescire** (für Nr. 1–3)	Fragepronomen oder Fragewort, z. B.: **quis, quid, cur, ut**[2], **quomodo, quamdiu, qualis**	Konjunktiv[1]
2		**nonne, num, -ne**[3], gelegentlich auch **an**	Konjunktiv[1]
3		**utrum . . . an** / **-ne . . . an** / **-**[4] **. . . an** } ob . . . oder	Konjunktiv[1]

1 Über das Zeitverhältnis vgl. 5.0.4.3.
2 Zu **ut** vgl. auch Nr. 4, 5, 6, 8, 9 und in Tabelle 5.2.2. Nr. 3, 12, 17, 19, 20.

In untergeordneten Sätzen und satzwertigen Konstruktionen wird durch die Verbform das *Zeitverhältnis* zur jeweils übergeordneten Aussage angedeutet (vgl. 5.0.4.3.).

.2.1. Ergänzungen in Form von untergeordneten Sätzen und satzwertigen Konstruktionen

Vorbemerkung:

Im einfachen Satz ergibt sich die Verteilung von Subjekt- oder Objektfunktionen aus der aktivischen oder passivischen Form des Verbs: Bei passivischer Form ist Subjekt, was bei aktivischer Form Objekt wäre.
Dieselbe Transformationsmöglichkeit besteht auch bei untergeordneten Sätzen: Sie haben bei aktivischer Form des übergeordneten Prädikats Objektfunktion, bei passivischer Form des übergeordneten Prädikats Subjektfunktion.
In der folgenden Tabelle werden untergeordnete Sätze und satzwertige Konstruktionen in **Subjekt**- und in **Objektfunktion** daher gleichzeitig behandelt. (Bei unpersönlich gebrauchten Verbformen wie z. B. **accidit – „es geschieht"**, **cōnstat – „es steht fest"** gibt es nur eine Subjektstelle.)
Bei den Beispielsätzen wird die jeweilige Funktion des untergeordneten Satzes bzw. der satzwertigen Konstruktion gekennzeichnet, und zwar Objekt durch O, Subjekt durch S. Untergeordnete Sätze in anderen Ergänzungsfunktionen werden unterschiedslos durch Erg. gekennzeichnet.

Hinweise zum Inhalt	Beispiele	Übersetzung
Das Fragepronomen zielt auf eine (noch) unbekannte Information. **Wort-/Ergänzungsfrage**	**deinde audivit, quae Romae actae essent. (O)** **incertum est, quando venerit. (S)**	**Dann erfuhr er, was sich in Rom ereignet hatte.** **Es ist unklar, wann er gekommen ist.**
Ein Sachverhalt wird in Frage gestellt, er soll bestätigt oder verneint werden. **Satz-/Entscheidungsfrage**	**vicinum rogaveram, num omnes famuli eius aeque inutiles essent. (O)**	**Ich hatte den Nachbarn gefragt, ob alle seine Diener gleichermaßen unnütz seien.**
Zwei oder mehrere Möglichkeiten werden ausdrücklich zur Wahl gestellt. **Doppelfrage**	**servus me rogat, utrum vinum an aquam bibere cupiam. (O)** **multis incertum est, divitiisne homines an sint virtute beati. (S)**	**Der Diener fragt mich, ob ich Wein oder Wasser zu trinken wünsche.** **Viele wissen nicht, ob die Menschen durch Reichtum oder Tüchtigkeit glücklich werden.**

3 Bei den abhängigen Satzfragen deuten die Fragesignale nicht die erwartete Antwort an (vgl. 5.1.1.2.).
4 Das erste Glied einer Doppelfrage hat manchmal keine Konjunktion.

Nr.	Übergeordneter Satz (HS)	Untergeordneter Satz (NS)		
	Textmerkmale (Verben, ggf. Signalwörter)	Konjunktion/Bedeutung (bzw. Fragewort)		Modus
	Wunschsätze			
4	Verb aus dem Bedeutungsbereich Wünschen, Bitten, Fordern, z. B.: **optare, rogare, petere, postulare, monēre, (per)suadēre , imperare**	**ut**[1] **ne**[2]	**daß** **daß nicht**	Konjunktiv[3]
5	Verb aus dem Bedeutungsbereich Fürchten, z. B.: **timēre, metuere, timor est, periculum est**	**ne**[2] **ne non/ut**[1]	**daß** **daß nicht**	Konjunktiv[3]
6	Verb, das ein zielgerichtetes Tun, Bemühen, Sorgen andeutet, z. B.: **curare, providēre, consulere, (id) agere, operam dare**	**ut**[1] **ne**[2]	**daß** **daß nicht**	Konjunktiv[3]
7	Verb aus dem Bedeutungsbereich Hindern, Verweigern, Widerstreben, z. B.: **impedire, retinēre, interdicere, deterrēre, obstare, resistere, recusare, cavēre**	**ne**[2] **quominus** **quin**[5]	} **daß**	Konjunktiv[3]

1 Zu **ut** vgl. auch Nr. 1, 4, 5, 6, 8, 9 und in Tabelle 5.2.2. Nr. 3, 12, 17, 19, 20.
2 Zu **ne** vgl. auch Nr. 4, 5, 6, 7 und in Tabelle 5.2.2. Nr. 17.

Hinweise zum Inhalt	Beispiele	Übersetzung
Eine Vorstellung wird angegeben, deren Verwirklichung erwünscht ist. semantischer Wert: *optativisch*	legati eum rogaverunt, ut togatus mandata senatus audiret. (O) rei publicae gubernatoribus iterum atque iterum a populis mandatur, ne bellum faciant. (S)	Die Gesandten baten ihn, die Toga anzulegen und den Auftrag des Senats zu hören. Den Staatsmännern wird immer wieder von ihren Völkern aufgetragen, (doch) keinen Krieg zu machen.
Befürchtungssätze sind Wunschsätze gleichsam mit umgekehrten Vorzeichen: befürchten, daß etwas geschieht ≈ wünschen, daß etwas nicht geschieht **(ne)** befürchten, daß etwas nicht geschieht ≈ wünschen, daß etwas geschieht **(ne non/ut)** semantischer Wert: *optativisch*	metui, ne sero venirem. (O) periculum est, ne ille non modo verbis te obruat sed ipso gestu. (S) multos labores te excipere video; timeo, ut sustineas. (O)	Ich fürchtete, zu spät zu kommen. Es besteht die Gefahr, daß dieser Mensch dich nicht nur mit Worten, sondern auch mit seiner Gestik überwältigt. Ich sehe, daß du viele Anstrengungen auf dich nimmst; ich fürchte aber, daß du nicht durchhältst
Eine Vorstellung, deren Verwirklichung angestrebt wird (oder werden sollte), wird angegeben. semantischer Wert: *optativisch*	senatus consulem providere iussit, ne quid res publica detrimenti caperet. (O) stude, ut scias! (Erg.) ne deficiant vires, consulendum est. (S) sol efficit, ut omnia floreant. (O)	Der Senat befahl dem Konsul Sorge zu tragen, daß der Staat keinen Schaden leide. Bemühe dich um Wissen! Man muß dafür sorgen, daß die Kräfte nicht nachlassen. Die Sonne bewirkt, daß alles blüht.
Eine Vorstellung wird angegeben, deren Verwirklichung verhindert wird (oder werden könnte). semantischer Wert: *optativisch*	sententiam ne diceret, recusavit. (O) impedimento non est, quominus de illius viri rebus gestis doceatur. (S) retineri non possum, quin verum dicam. (Erg.)	Er weigerte sich, seine Meinung zu sagen. Es gibt keinen Hinderungsgrund, daß über die Taten dieses berühmten Mannes hier berichtet wird. Ich lasse mich nicht daran hindern, die Wahrheit zu sagen.

Daß Wünschen, Fürchten, Hindern u. ä. oft auf etwas Bevorstehendes zielen, wird in der Form des untergeordneten Verbs nicht eigens ausgedrückt: Es steht der Konjunktiv der Gleichzeitigkeit. Vorzeitigkeit dagegen wird zum Ausdruck gebracht (vgl. 5.0.4.3.).

Zu persuadēre (mit ACI bzw. **ut**) vgl. 6.3.1.

Zu **quin** vgl. auch Nr. 9b, 10 und in Tabelle 5.2.2. Nr. 24d.

Nr.	Übergeordneter Satz (HS)	Untergeordneter Satz (NS)		
	Textmerkmale (Verben, ggf. Signalwörter)	Konjunktion/Bedeutung (bzw. Fragewort)		Modus
	Subjekt-/Objektsätze im Konjunktiv mit dem Charakter vo			
8	Verb, das ein Argument oder eine Schlußfolgerung ankündigt, z. B.: **accedit, sequitur, restat, efficitur, adicere, adiungere, addere**[1]	**ut**[2] **ut non**[3]	**daß** **daß nicht**	Konjunktiv[5]
9a	Ausdruck, in dem der Begriff des Geschehens liegt, z. B.: **fit, accidit, ēvenit, contingit, (futurum) est, mos est** oder Formel wie: **facere (ut)**	**ut**[2] **ut non**[3]	**daß** **daß nicht**	Konjunktiv[5] (9a und 9b)
9b	verneinte Formel wie: **facere non possum fieri non potest non multum abest paulum abest**	**quin**[4]	**daß**	
10	verneinter Ausdruck aus dem Bedeutungsbereich Zweifeln, z. B.: **non dubitare**[6], **non quaeritur, non dubium est**	**quin**[4]	**daß**	Konjunktiv[5]

1 Bei einigen dieser Verben steht auch **quod** mit dem Indikativ (vgl. Nr. 11).
2 Zu **ut** vgl. auch Nr. 1, 4, 5, 6, 8, 9 und in Tabelle 5.2.2. Nr. 3, 12, 17, 19, 20.
3 Zu **ut non** vgl. auch Nr. 8, 9a und in Tabelle 5.2.2. Nr. 12, 19.
4 Zu **quin** vgl. auch Nr. 7, 9b, 10, und in Tabelle 5.2.2. Nr. 24d.

Hinweise zum Inhalt	Beispiele	Übersetzung
ussagesätzen		
)er NS enthält eine Aussa-ıe, die als neues Argument ›der Schlußfolgerung ver-vendet wird.	ex quo efficitur, ut discere nihil aliud sit nisi recordari. (S) flagitiis addidit, ut, quem deceperat, accusaret. (O) restat, ut doceam omnia hominum causa facta esse. (S)	Daraus folgt, daß Lernen nichts anderes ist als sich erinnern. Seinen (bisherigen) Schandtaten fügte er hinzu, daß er den anklagte, den er betrogen hatte. Bleibt mir noch darzulegen, daß alles der Menschen wegen geschaffen worden ist.
)iese Ausdrucksweise ist ›ine Art Umschreibung, ıurch die der Wirklichkeits-ıehalt der Aussage des NS ›etont oder nach Gesichts-›unkten wie „notwendig, zu-älig, üblich" differenziert vird.	accidit, ut una nocte omnes statuae deicerentur. (S) futurum est paucis annis, ut omnes ex Galliae finibus pellantur. (S) mos erat, ut quotannis duo consules crearentur. (S) facio libenter, ut tecum quam saepissime colloquar. (O)	Es geschah, daß in einer Nacht alle Standbilder umgestürzt wurden. Es wird in wenigen Jahren so weit kommen, daß alle aus Gallien vertrieben werden. Es war üblich, daß jährlich zwei Konsuln gewählt wurden. Ich unterhalte mich sehr gerne so oft wie möglich mit dir. (Ich tue gern, daß . . .)
	facere non possum, quin cottidie ad te mittam litteras. (O) fieri non potest, quin dicas, a quo dissentias. (S) minimum afuit, quin periret. (S)	Ich muß dir täglich einen Brief schreiben. (Ich kann es nicht tun, daß ich nicht . . .) Du mußt unbedingt sagen, worin du anderer Meinung bist. Um ein Haar wäre er zugrunde gegangen.
:ine Formel, die zur Bekräfti-ıung der im NS enthaltenen ›ussage dient.	nemo dubitet, quin in virtute divitiae sint! (O) non dubitari debet, quin ante Homerum fuerint poetae. (S) controversia non erat, quin testes verum dicerent. (S)	Es soll niemand daran zweifeln, daß in der Tüchtigkeit Reichtum liegt. Man darf nicht daran zweifeln, daß es schon vor Homer Dichter gab. Es gab keine Uneinigkeit darüber, daß die Zeugen die Wahrheit sagten.

Es erscheint ungewöhnlich, den Konjunktiv, d. h. den Modus der subjektiven Vorstellung, in Sätzen zu finden, die uns wie gewöhnliche Aussagesätze vorkommen. Ursprünglich waren derartige Sätze in der Beiordnung Fragen oder Wünsche. In der Unterordnung ist dieser Charakter der Sätze nicht mehr sichtbar; der Konjunktiv steht bloß noch aufgrund grammatischer Regelung.

Über das Zeitverhältnis in HS und NS vgl. 5.0.4.3.

dubitare mit Inf. bedeutet **zögern/Bedenken tragen, etwas zu tun".**

Nr.	Übergeordneter Satz (HS)	Untergeordneter Satz (NS)		
	Textmerkmale (Verben, ggf. Signalwörter)	Konjunktion/Bedeutung (bzw. Fragewort)		Modus
	Aussagesätze im Indikativ			
11	Ausdruck, der ein Argument ankündigt oder beiseite schiebt, z. B.: **addere, accedere, adiungere**[3]**, praeterire, tacēre**	**quod**[1 2]	daß	Indikativ
12	Formel wie: **bene/male/prudenter facere bene/male/commode fit, accidit, evenit**	**quod**[1 2]	daß	Indikativ
13	Ausdruck, der eine Gemütsstimmung (Freude, Trauer, Zorn, Ärger, Verwunderung) bezeichnet, z. B.: **gaudēre, dolēre, aegre ferre, queri, gloriari, (ad)mirari**[4] oder Verb aus dem Bedeutungsbereich Loben, Tadeln, Danken, Glückwünschen, Beschuldigen, Verurteilen, z. B.: **laudare, vituperare, reprehendere, gratias agere, gratulari, miserēri**[4]	**quod**[1 2]	daß	Indikativ
14	ein Nomen/Pronomen (oder Sachverhalt) wird vorgestellt, zu dem noch eine besondere Erläuterung nötig ist.	**quod**[1 2]	daß	Indikativ
	Relativsätze			
15	Zu Relativsätzen in Ergänzungsfunktion siehe Tabelle 5.2.2. Nr. 25.			

1 Zu **quod** vgl. außer Nr. 11, 12, 13, 14 auch in Tabelle 5.2.2. Nr. 7, 16 und 23 bis 25.
2 Dieses **quod** wird auch als ursprüngliches Relativpronomen erklärt (vgl. Tabelle 5.2.2. Nr. 23, 25).

Hinweise zum Inhalt	Beispiele	Übersetzung
Der NS enthält die als Argument angekündigte bzw. übergangene Tatsache.	accedit, quod patrem plus etiam amo quam ipse scit. (S) praetereo / taceo, quod princeps civitatis filiam ei nuptum dedit. (O)	Hinzu kommt, daß ich den Vater auch noch mehr liebe, als er selber weiß. Ich lasse (den Umstand) unerwähnt, daß der Fürst ihm seine Tochter zur Frau gab.
Die Wendung im HS gibt ein wertendes Urteil über die im NS genannte Tatsache an.	percommode mihi fecisti, quod Ciceronis librum ad me misisti. (O) nihil mihi gratius accidit, quam quod filiam meam diligentissime coluisti. (S)	Du hast mir einen großen Gefallen damit getan, daß du mir Ciceros Buch geschickt hast. Es konnte mir nichts Willkommeneres geschehen, als daß du dich meiner Tochter so überaus sorgfältig angenommen hast.
Der NS gibt den Inhalt oder Anlaß der Gemütsstimmung oder -äußerung an. Bei diesen Sätzen ist die Unterscheidung zum kausalen **quod**-Satz nicht immer eindeutig. (Vgl. Tabelle 5.2.2. Nr. 7a.)	molestissime fero, quod, ubi te visurus sim, nescio. (O) gratulor tibi, quod ex provincia salvum te ad tuos recepisti. (Erg.) tibi gratias ago, quod me omni molestia liberavisti. (Erg.)	Ich bin sehr verärgert darüber, daß ich nicht weiß, wo ich dich sehen werde. Ich beglückwünsche dich dazu, daß du aus der Provinz wohlbehalten zu deiner Familie zurückgekommen bist. Ich danke dir, daß du mich von aller Belästigung befreit hast.
Der NS enthält eine Erklärung zu einem Wort des HS oder zur Aussage des HS im ganzen.	(id)illi vitium maximum est, quod nimis tardus est. (S) quanta benignitas (est) naturae, quod tam multa, tam iucunda gignit. (S)	Das ist sein größter Fehler, daß er zu spät kommt. Welche Güte der Natur ist es, daß sie so Vieles und so Angenehmes schafft.
	quem omnes dilexerunt, mortuus est. (S)	Der, den alle liebten, ist tot.

Bei einigen dieser Verben steht auch **ut** mit dem Konjunktiv (vgl. Nr. 8).

Bei einigen dieser Verben steht auch der ACI (vgl. Nr. 16).

Ergänzungen in Form von satzwertigen Konstruktionen

Nr.	Textmerkmale (Verben)	Beschreibung der Konstruktion

Aussagen in Form eines ACI (Akkusativ mit Infinitiv) oder NCI (Nominativ mit Infinitiv)

Der ACI (accusativus cum infinitivo) und der NCI (nominativus cum infinitivo) sind keine untergeordneten Sätze, sondern sogenannte satzwertige Konstruktionen, die von einem übergeordneten Verb abhängig sind.

16 ACI

a) Verb aus dem Bedeutungsbereich:
— Sagen, Mitteilen
— Wahrnehmen[4], Denken
— Wissen, Meinen
— Freude, Trauer, Zorn usw.
zum Beispiel:
- dicere, narrare, nuntiare, tradere, negare, docēre, respondēre, persuadēre[1], promittere
- audire, vidēre, sentire[4], cognoscere, legere
- scire, censēre, putare, sperare
- gaudēre, laetari, dolēre, mirari, aegre ferre, queri[2]

b) Verb aus dem Bedeutungsbereich: Wünschen, Beschließen, Befehlen, z. B.:
- velle, nolle, malle, cupere, desiderare, studēre[3]
- decernere, placet
- iubēre, sinere, pati, cogere, vetare, prohibēre

Textbefund:
Zu einem Infinitiv gehört ein Nomen/Pronomen im Akkusativ; innerhalb der Konstruktion hat der Infinitiv die Funktion eines Prädikats, das Nomen/Pronomen die Funktion des Subjekts.

Verdeutlichung der Satzwertigkeit:
Wenn die Aussage des ACI als Satz formuliert wird, erscheint der Infinitiv als Prädikat, das Nomen als Subjekt zu diesem Prädikat, z. B.:

puerum salvum esse	**soror nuntiavit,**
puer salvus est;	**id soror nuntiavit.**

Umfang der Konstruktion:
Der Infinitiv kann wie ein Prädikat Ergänzungen und Erweiterungen bei sich haben, z. B.:
cupio patrem haec brevi audire.
(Obj.) (Erw.)

Zeitverhältnis ①:
Der Infinitiv im ACI zeigt das Zeitverhältnis zur Handlung des übergeordneten Verbs an (vgl. 5.0.4.3.):
— Infinitiv Präsens → Gleichzeitigkeit
— Infinitiv Perfekt → Vorzeitigkeit
— die kongruierenden Formen auf **-urum, -uram, -urum esse**, bzw. das Supinum auf **-um** mit **iri**
→ Nachzeitigkeit.

Das Auftreten dieser Formen ist oft ein zusätzliches Anzeichen für einen ACI. ⇓

1 Zu **persuadēre** (mit ACI bzw. **ut**) vgl. 6.3.1.
2 Bei einigen dieser Verben stehen auch quod-Sätze (vgl. Nr. 13).
3 Der ACI steht hier in der Regel nur, wenn das Subjekt des übergeordneten Verbs nicht identisch ist mit dem des Infinitivs; sonst steht der bloße Infinitiv als Prädikatsergänzung (vgl. 4.1.2.1.).

Beispiele	Übersetzung
a)	
Thales putabat aquam omnium rerum originem esse ①. (O)	Thales glaubte, daß das Wasser der Ursprung aller Dinge sei. (Thales glaubte, das Wasser sei ...)
Menaechmus valde laetatur se ② fratrem geminum invenisse ①. (O)	Menächmus freut sich sehr darüber, daß er seinen Zwillingsbruder gefunden hat.
maritum mox rediturum esse ① uxor sperat. (O)	Die Frau hofft, daß ihr Mann bald zurückkehrt. Die Frau hofft, ihr Mann werde bald zurückkehren.
promitto has litteras tibi redditum iri ①. (O)	Ich verspreche, daß dieser Brief dir wieder zurückgegeben (werden) wird.
dux Sequanorum obtinuit se ② a populo romano in suo ② iure impediri. (O)	Der Führer der Sequaner behauptete, er werde vom römischen Volk in seinem Recht behindert.
legatus docuit id, quod tum factum esset ③, certis temporibus semper fieri. (O)	Der Offizier legte dar, daß das, was damals geschehen war, zu bestimmten Zeiten immer wieder geschehe.
b)	
nolumus te abire. (O) (aber: nolumus abire.[3])	Wir wollen nicht, daß du gehst. (Wir wollen nicht gehen.)
cupio patrem haec quam primum audire. (O)	Ich möchte, daß mein Vater das möglichst bald erfährt.
milites Caesar iussit mulieres liberosque liberare. (O)	Cäsar befahl seinen Soldaten, Frauen und Kinder freizulassen.
Germani ad se ② vinum importari non patiebantur. (O)	Die Germanen duldeten die Einfuhr von Wein nicht

[4] Bei den Verben der unmittelbaren Wahrnehmung (z. B. **vidēre, audire, sentire**) folgt statt eines ACI oft ein ACP (Akkusativ mit Partizip), z. B.:

adulescentes Lacedaemoniorum vidimus incredibili contentione certantes.	Wir schauten zu, wie die spartanische Jugend mit unglaublicher Anstrengung Wettkämpfe durchführte.

Der ACP stellt einen Zustand oder den Verlauf einer Handlung dar, der ACI betont die Tatsächlichkeit einer Handlung.

Nr.	Textmerkmale (Verben)	Beschreibung der Konstruktion
	c) unpersönlicher Ausdruck wie: – **oportet, decet, constat** – **necesse est, rectum est, honestum est** – **mos est, ius est, opinio est**	**Reflexiv-Pronomina im ACI ②:** Reflexiv-Pronomina (z. B.: **sibi, se** und Formen von **suus**) verweisen in der Regel auf das Subjekt des übergeordneten Verbs. **Nebensätze innerhalb des ACI ③:** Nebensätze innerhalb eines ACI stehen im Konjunktiv.
17	**NCI** Verb in passivischer Form (meist 3. Person) aus dem Bedeutungsbereich: Wahrnehmen, Mitteilen, Befehlen, z. B.: **vidēri, dici, putari, tradi, referri, demonstrari, iubēri, vetari**	Das inhaltliche Subjekt des abhängigen Infinitivs und das Subjekt der übergeordneten passivischen Verbform sind identisch: Eine solche Konstruktion, in der es also keinen Subjektsakkusativ gibt, wird NCI (Nominativ mit Infinitiv) genannt. Der Infinitiv dieser Konstruktion kann auch als Prädikatsergänzung aufgefaßt werden (vgl. 4.1.2.1.). — Manchmal wird der NCI auch als Umformung eines ACI gedeutet. Für das Zeitverhältnis beim NCI gilt dasselbe wie beim ACI (vgl. auch 5.0.4.3.).

Beispiele	Übersetzung
c)	
constat ad salutem civium inventas esse leges. (S)	Es steht fest, daß die Gesetze zum Wohl der Bürger erfunden sind.
verum est amicitiam nisi inter bonos esse non posse. (S)	Wahr ist, daß Freundschaft nur unter guten Menschen bestehen kann.
mos erat Athenis laudari in contione eos, qui in proeliis interfecti essent ③.(S)	Es war in Athen Brauch, die im Kampf Gefallenen in der Volksversammlung zu loben.

Thales primus defectionem solis praedixisse fertur.	Thales soll als erster eine Sonnenfinsternis vorausgesagt haben. (Es wird berichtet, daß Thales ... vorausgesagt habe.)
a natura non ad ludum atque iocum facti esse videmur.	Anscheinend sind wir von der Natur nicht zum Spielen und Scherzen geschaffen. (Es scheint, als seien wir ...)
milites vetiti sunt mulieres liberosque interficere.	Den Soldaten wurde verboten, Frauen und Kinder zu töten.

5.2.2. Erweiterungen in Form von untergeordneten Sätzen und satzwertigen Konstruktionen

a) Erweiterungen eines Satzes sind die Satzglieder mit **adverbativer (adverbialer), attributiver** oder **prädikativer Funktion.**

- Als Adverbativ (Adverbial) treten auf: untergeordnete Sätze, die durch eine Konjunktion eingeleitet werden.
- Als Attribut treten auf: Relativsätze, die eine nähere Bestimmung zu einem Beziehungswort enthalten, die als objektiv und wirklich dargestellt wird.
- Als Prädikativ treten auf: Relativsätze, die eine nähere Bestimmung zu einem Beziehungswort und zugleich eine zusätzliche adverbative (adverbiale) Information enthalten.
- In allen drei Funktionen treten auch satzwertige Konstruktionen auf, die aus einem Nomen oder Pronomen in Verbindung mit einem kongruierenden Beiwort (meist Partizip oder nd-Form) bestehen.

b) Bei Adverbativen (Adverbialen) und Prädikativen in Form von Sätzen und satzwertigen Konstruktionen unterscheiden wir folgende **semantische Werte:**

temporal	zeitliche Bestimmung für die Handlung des übergeordneten Satzes
kausal	Begründung für den Vorgang des übergeordneten Satzes
konzessiv	Gegengrund, der eigentlich der übergeordneten Handlung widerspricht, aber nicht wirksam wird
adversativ	ein der Handlung des übergeordneten Satzes ganz oder teilweise entgegengesetzter Vorgang
konditional	Voraussetzung für die Handlung des übergeordneten Satzes
final	Zweck, zu dem die Handlung des übergeordneten Satzes ausgeführt wird
konsekutiv	Folge, die sich aus dem Vorgang des übergeordneten Satzes ergibt
modal	Art und Weise, in der die Handlung des übergeordneten Satzes verläuft
komparativ	Vergleich, der den übergeordneten Sachverhalt besser erklären soll

Eine klare Scheidung dieser semantischen Werte ist schwierig, weil sich manchmal verschiedene Gesichtspunkte miteinander verbinden, z. B. im temporal-kausalen oder kausal-konzessiven Bereich.

c) Bei den untergeordneten Sätzen kann man Funktion und semantischen Wert meistens erschließen aus:

— dem Einleitungswort (Konjunktion und Relativpronomen) und gegebenenfalls aus Signalwörtern
— dem Modus des Verbs
— dem Kontext

d) Der **Modus**[1] des untergeordneten Satzes deutet — verallgemeinernd gesprochen — an:

— ob der Sachverhalt gleichsam aus der Wirklichkeit abgelesen und als Tatsache dargestellt wird neben dem Vorgang des übergeordneten Satzes: *Indikativ* (Beispiel 1)

— ob der Sachverhalt in einer bestimmten Weise kombiniert oder gedeutet wird, sei es vom Autor des Textes (Beispiel 2), sei es vom Subjekt des übergeordneten Satzes (Beispiel 3): *Konjunktiv*.

cum Caesar in Galliam venit, alterius factionis principes erant Haedui, alterius Sequani.	(Zu dem Zeitpunkt) Als Caesar nach Gallien kam, waren die Häduer die Führer der einen, die Sequaner die der anderen Partei.
itaque, cum non solum novae gentes in Galliam transmigravissent, sed etiam finitimae civitates crebras irruptiones facerent, Massilienses legatos Romam miserunt petitum auxilium.	Als/Da nicht nur neue Stämme nach Gallien eingewandert waren, sondern auch Nachbarstämme häufige Einfälle machten, schickten die Bewohner von Massilia Gesandte nach Rom, um Hilfe zu erbitten.
Torquatus filium suum, quod is contra imperium in hostem pugnavisset, necari iussit.	Torquatus ließ seinen Sohn hinrichten, da dieser gegen den Befehl den Kampf mit dem Feinde aufgenommen habe.

Es gibt Zusammenhänge, die nur aus der subjektiven Deutung gesehen werden können, z. B. der Zweck einer Handlung. Ein solcher semantischer Wert (final) kann daher nur im Modus Konjunktiv ausgedrückt werden.

e) Das **Tempus** des Prädikats im untergeordneten Satz drückt jeweils das (vorzeitige, gleichzeitige oder nachzeitige) Zeitverhältnis zum übergeordneten Prädikat aus (vgl. 5.0.4.3.). Nur bei wenigen Konjunktionen **(dum, postquam)** und in konsekutiven oder konditionalen Sätzen scheint sich das Prädikat der Regel über das Zeitverhältnis nicht unterzuordnen.

1 Zur Übersetzung des Konjunktivs in untergeordneten Sätzen vgl. 6.3.4.2.

Erweiterungen in Form von Sätzen

Nr.	Übergeordneter Satz (HS)	Untergeordneter Satz (NS)		
	Textmerkmale	Konjunktion/Bedeutung		Modus/Tempus
	Temporalsätze (semantischer Wert: **temporal**)			
1	meist punktueller Handlungsaspekt (Perfekt oder hist. Präs.)	**dum**	**während**	Indikativ Präsens
2a	gleiches Tempus in HS und NS	**dum** **donec** **quoad**	**solange als**	Indikativ (gleiches Tempus wie im HS)
2b		**dum** **donec** **quoad**	**solange bis**	Indikativ
2c		**dum**[1] **donec** **quoad**	**solange bis**	Konjunktiv
3		**cum**[2] **(primum)** **ubi (primum)** **ut**[3] **(primum)** **simulac** **simulatque**	**sobald als**	Indikativ (meist Perf. oder Fut. II)
4	meist Perfekt oder hist. Präsens, aber auch „Zustandsimperfekt"	**postquam**	**nachdem** **seitdem**	Indikativ Perfekt

1 Zu **dum (modo)** mit Konjunktiv vgl. Nr. 15.
2 Zu **cum** vgl. auch Nr. 6, 11.

Hinweise zum Inhalt	Beispiele	Übersetzung
Das Ereignis des HS bricht in die noch andauernde Handlung des NS: dum —NS→ (HS ⇓)	dum milites castra muniunt, impetus ab hostibus factus est.	Während die Soldaten das Lager aufbauten, machten die Feinde einen Angriff.
Die Handlungen von HS und NS sind gleichzeitig und von gleicher Dauer: dum —NS→ ═HS═⇒	dum felix eris, multos numerabis amicos. haec feci, dum licuit.	Solange du im Glück lebst, wirst du viele Freunde haben. Dies tat ich, solange es erlaubt war.
Die Handlung des HS dauert so lange, bis die Handlung des NS stattfindet (Umkehrung von 4): ═HS═⇒ quoad —NS→	quoad arx dedita est, caedes tota urbe passim factae sunt.	Bis zur Übergabe der Burg fanden in der Stadt überall Gemetzel statt.
Die Handlung des HS dauert so lange, bis die Handlung des NS stattfindet; dabei ist die letztere beabsichtigt und gewünscht (deshalb: doppelte Pfeilspitze): ═HS═⇒⇒ dum —NS→	Horatius Cocles impetum hostium sustinuit, quoad ceteri pontem interrumperent.	Horatius Cocles hielt den Ansturm der Feinde so lange auf, bis die übrigen die Brücke einrissen (damit die übrigen inzwischen . . . einreißen konnten).
rein zeitliche Verbindung zweier Vorgänge, meist als unmittelbare Handlungsfolge: ubi —NS→ ⁀ ═HS═⇒	ut primum orationi finem imposuit, clamor undique oritur.	Sobald er seine Rede beendete, erhob sich von allen Seiten Geschrei.
Die Handlung des NS geht der Handlung des HS voraus (Vorzeitigkeit der Nebenhandlung — Umkehrung von 2b): postquam —NS→ ═HS═⇒	Hannibal postquam in Hispaniam venit, magnas res secunda gessit fortuna.	Nachdem Hannibal nach Spanien gekommen war, führte er erfolgreich große Unternehmen durch.

Zu **ut** vgl. auch Nr. 12, 17, 19, 20 und in Tabelle 5.2.1. Nr. 1, 4, 5, 6, 8, 9a

Nr.	Übergeordneter Satz (HS)	Untergeordneter Satz (NS)	
	Textmerkmale	Konjunktion/Bedeutung	Modus/Tempus
5a	meist verneintes Verb	**antequam** / **priusquam** } **eher als, bevor**	Indikativ (oft Perf. oder Fut. II)
5b		**antequam** / **priusquam** } **eher als, bevor**	Konjunktiv
6a	Indikativ aller Tempora Signalwort wie: **tum, tunc, eo tempore, nunc**	**cum**[1] **damals als**	Indikativ (alle Tempora je nach Gleich- oder Vorzeitigkeit)
6b	meist Vergangenheitstempus Signalwort wie: **vix, iam, nondum** Satzstellung meist: HS vor NS	**cum**[1] **als**	Indikativ (hist. Präs. oder Perf.) Signalwort wie: **subito, repente**
6c	Präsens oder Imperfekt	**cum**[1] { **(so oft) als, (jedesmal) wenn**	Indikativ (Präs./Impf. bei Gleichzeitigkeit oder Perf./Plqpf. bei Vorzeitigkeit)
6d	gleiches Tempus in HS und NS (oft auch gleiches Subj.)	**cum**[1] **wenn, indem**	Indikativ (gleiches Tempus wie im HS)
6e	meist erzählender Kontext in der Vergangenheit	**cum**[1] **als**	Konjunktiv

1 Zu **cum** vgl. neben 6a-e auch Nr. 3, 6f, 11.

·inweise zum Inhalt	Beispiele	Übersetzung
)ie Handlung des HS ereig-et sich (bei Verneinung: reignet sich nicht), bevor ie Handlung des NS tat-ächlich erfolgt ist.	non abiit, priusquam omnia narravi. non quiescam, priusquam fratrem liberavero.	Er ging nicht fort, ehe ich alles erzählt hatte. Ich gebe keine Ruhe, bevor ich meinen Bruder befreit habe.
)ie Handlung des HS ereig-et sich, bevor die Handlung es NS beginnt.)ie letztere ist also nicht/ och nicht Wirklichkeit, son-ern oft nur beabsichtigt.	abiit, antequam dicerem. cives portas clauserunt, priusquam hostes invaderent.	Er ging fort, bevor ich etwas sagte (sagen konnte). Die Bürger schlossen die Tore, bevor die Feinde eindringen konnten.
)urch die Handlung des NS vird die Handlung des HS eitlich bestimmt.)b ein innerer Zusammen-ang zwischen beiden be-teht, wird nicht gesagt sog. **cum temporale**).	sex libros de re publica tunc scripsimus, cum gubernacula rei publicae tenebamus. non dubitabo dare operam, cum id commode facere potero.	Ich schrieb damals sechs Bücher über den Staat, als ich die Staatsführung in den Händen hatte. Ich werde nicht zögern, mir Mühe zu geben, wenn ich das bequem tun kann.
)er Nebengedanke (die Zeit-estimmung) ist im HS aus-edrückt; die Hauptsache olgt dagegen im NS mit cum sog. **cum inversum**). Hiermit wird ein Über-aschungseffekt angestrebt.	dies nondum decem intercesserant, cum alter filius necatur.	Es waren noch nicht zehn Tage vergangen, als der zweite Sohn getötet wurde.
ı beiden Sätzen ist von viederholten Handlungen ie Rede sog. **cum iterativum**).	Romani, cum consilium publicum desiderabatur, e villis arcessebantur in senatum.	Jedesmal wenn eine Sitzung des Staatsrates gewünscht wurde, holte man die Römer von ihren Landgütern in den Senat.
HS und NS schildern densel-en Vorgang aus verschiede-er Sicht, meist in pointierter Gegenüberstellung sog. **cum coincidens** — wei Handlungen „fallen zu-ammen").	cum laudant, fraudant.	Indem sie loben, betrügen sie. (Ihr Lob ist Betrug.)
)as zeitliche Verhältnis zwi-chen Neben- und Haupt-andlung steht zwar im Vor-ergrund („als"), aber zwi-chen beiden Handlungen ann auch ein innerer – meist begründender — usammenhang gesehen verden sog. **cum historicum** oder **rzählendes cum**)	haec cum Crassus dixisset, silentium est consecutum.	Als Crassus das dargelegt hatte, folgte ein Schweigen.

Nr.	Übergeordneter Satz (HS)	Untergeordneter Satz (NS)		
	Textmerkmale	Konjunktion/Bedeutung		Modus/Tempus
	Kausalsätze (semantischer Wert: **kausal**)			
6f	manchmal Signalwort praesertim	cum[1]	da	Konjunktiv
7a	manchmal Signalwort wie: propterea, idcirco, ideo	quod[2] quia	da, weil	Indikativ
7b		quod[2] quia	da, weil	Konjunktiv
8		quoniam quando	da ja, weil nun einmal	Indikativ
	Konzessivsätze (semantischer Wert: **konzessiv**)			
9	oft Signalwort wie: tamen, attamen, at certe, nihilominus	quamquam	obgleich, obwohl	Indikativ
10	oft Signalwort wie: tamen, attamen, at certe, nihilominus	etsi etiamsi tametsi	wenn auch, auch wenn	Indikativ oder Konjunktiv

1 Zu **cum** vgl. auch Nr. 3, 6a-e, 11.

Hinweise zum Inhalt	Beispiele	Übersetzung
Der NS gibt einen Sachverhalt an, auf Grund dessen eine Folgerung (HS) gezogen wird (sog. **cum causale**).	dolo erat pugnandum Hannibali, cum par non esset armis.	Hannibal mußte eine List anwenden, da er mit den Waffen unterlegen war.
Der NS gibt eine Begründung für das Geschehen des HS, die als tatsächlich dargestellt wird.	Galli a Caesare auxilium petebant, quod a Suebis premebantur.	Die Gallier baten Caesar um Hilfe, weil sie von den Sueben bedrängt wurden.
Der NS gibt einen Grund für das Geschehen des HS an; er wird aber als ein nur vermuteter, angenommener Grund dargestellt.	Galli a Caesare auxilium petebant, quod a Suebis premerentur. te accuso, non quod meis rationibus non assentiaris, sed quod nullis.	Die Gallier baten Caesar um Hilfe, weil sie (nach ihren Angaben) von den Sueben bedrängt würden. Ich klage dich an, nicht weil du meinen Überlegungen nicht zustimmst, sondern überhaupt keinen.
Der NS gibt eine Begründung für das Gesehen des HS, die als offensichtlich und wirklich dargestellt wird.	quoniam iam nox est, in vestra tecta discedite!	Weil es (ja) schon Nacht ist, geht nach Hause!
Der (im NS dargestellte) Grund, der gegen die Handlung des HS spricht, besteht tatsächlich, kommt aber nicht zur Wirkung.	Brutus quamquam multis beneficiis a Caesare ornatus erat, tamen cum aliis coniuravit et eum interfecit.	Obwohl Brutus von Caesar durch viele Begünstigungen ausgezeichnet worden war, schloß er sich mit anderen zu einer Verschwörung zusammen und tötete ihn.
Der (im NS dargestellte) Grund, der gegen die Handlung des HS spricht, ist nur gedacht. Der Modus richtet sich danach, ob der Gegengrund als wirklich — **real** (Indikativ), als möglich — **potential** (Konjunktiv I) oder als nicht-wirklich — **irreal** (Konjunktiv II) dargestellt wird.	ista veritas etiamsi iucunda non est, mihi tamen grata est. nonnulli, quod sentiunt, etsi optimum sit, tamen metu invidiae non audent dicere. etiamsi propter amicitiam vellet illum ab inferis evocare, propter rem publicam non fecisset.	Wenn diese Wahrheit auch nicht angenehm ist, sie ist mir doch willkommen. Manche wagen aus Furcht vor Neid nicht ihre Meinung zu äußern, mag sie auch besonders gut sein. Auch wenn er ihn aus Freundschaft von den Toten zurückrufen wollte, er hätte es aus Rücksicht auf den Staat nicht getan.

Zu **quod** vgl. auch Nr. 16 und 23 bis 25 und in Tabelle 5.2.1. Nr. 11 bis 14.

Nr.	Übergeordneter Satz (HS)	Untergeordneter Satz (NS)	
	Textmerkmale	Konjunktion/Bedeutung	Modus/Tempus
11	oft Signalwort wie: tamen, attamen, at certe, nihilominus	cum[1] a) obgleich, obwohl b) während	Konjunktiv
12	oft Signalwort wie: tamen, attamen, at certe, nihilominus	ut[2] gesetzt auch, daß ut non[3] gesetzt auch, daß nicht licet[4] mag auch	Konjunktiv
13	oft Signalwort wie: tamen, attamen, at certe, nihilominus	quamvis { wie sehr auch, mag auch noch so sehr	Konjunktiv
	Konditionalsätze (semantischer Wert: **konditional**)		
14	meistens derselbe Modus wie im NS	si wenn nisi wenn nicht quodsi, sin } wenn aber	Indikativ Konjunktiv I Konjunktiv II Ind./Konj.

1 Zu **cum** vgl. auch Nr. 3, 6a-f.
2 Zu **ut** vgl. auch Nr. 3, 17, 19, 20 und in Tabelle 5.2.1. Nr. 1, 4, 5, 6, 8, 9a.

inweise zum Inhalt	Beispiele	Übersetzung
wei zeitlich miteinander ver-undene Sachverhalte wer-len dargestellt als:) (innerlich) widersprüchlich: **cum concessivum**) (äußerlich) gegensätzlich: **cum adversativum**	Socrates cum facile posset educi e custodia, noluit. Socratis varios sermones scriptis suis Plato tradidit, cum ipse litteram nullam Socrates reliquisset.	Obgleich man Sokrates leicht aus dem Gefängnis herausbringen konnte, wollte er es nicht. Verschiedene Gespräche des Sokrates hat Platon in seinen Schriften überliefert, während Sokrates selbst keinen Buchstaben hinterlassen hat.
er Gegengrund wird meist ls weniger wahrscheinlich argestellt.	ut rationem Plato nullam afferret, ipsa auctoritate me frangeret.	Gesetzt auch, daß Platon keine Begründung vorbrächte, so würde mich dennoch seine Autorität bezwingen.
em Gegengrund wird meist rößeres Gewicht beigemessen.	illa quamvis ridicula essent, mihi tamen risum non moverunt.	Wie lächerlich das auch sein mochte (Mochte dies auch . . .), mich brachte es dennoch nicht zum Lachen.
ie Handlung des NS ist Be-ingung für die Handlung es HS (**real**es Bedingungs-erhältnis).	actum est de te, nisi provides.	Es ist um dich geschehen, wenn du nicht Vorsorge triffst.
ie Handlung des NS wird ls mögliche Voraussetzung ür die Handlung des HS an-esehen, die oft auch nur als nöglich dargestellt wird **potential**es Bedingungsver-ältnis).	orationes eius imitari neque possim, si velim, neque velim fortasse, si possim.	Seine Reden könnte ich wohl kaum nachahmen, selbst wenn ich es wollte; und ich wollte es vielleicht nicht, wenn ich es könnte.
ie Bedingung wird als icht-wirklich dargestellt **irreal**es Bedingungsverhält-is) — und zwar: ei Konj. II Gleichz. in der Gegenwart ei Konj. II Vorz. in der Vergangenheit	tibi molestus non essem, si hoc facere possem. tibi molestus non fuissem, si omnia providere potuissem.	Ich würde dich nicht belästigen, wenn ich dies (selbst) machen könnte. Ich hätte dich nicht belästigt, wenn ich alles hätte voraussehen können.
s gibt auch Mischungen der edingungsverhältnisse.	si diutius in hac urbe manere velim, in hac quidem domo non manerem.	Wenn ich länger in dieser Stadt bleiben wollte, würde ich in diesem Hause jedenfalls nicht bleiben.

Zu **ut non** vgl. auch Nr. 19 und in Tabelle 5.2.1. Nr. 8, 9a.

licet — „es ist erlaubt, daß“ ist eigentlich keine Konjunktion.

Nr.	Übergeordneter Satz (HS)	Untergeordneter Satz (NS)		
	Textmerkmale	Konjunktion/Bedeutung		Modus/Tempus
15		dum[1], modo, dummodo	wenn nur	Konjunktiv
		dummodo ne	wenn nur nicht	
16	HS oft dem NS nachgestellt	quod[2]	was (den Umstand) anbetrifft, daß . . . ; wenn . . . so	Indikativ
	Finalsätze (semantischer Wert: **final**)			
17	bisweilen Signalwort wie: **ideo, ob eam rem** o.ä. (oft nicht übersetzbar)	ut[3]	damit	Konjunktiv
		(ut) ne[4]	damit nicht	
18		quo[5] (≈ ut eo)	a) damit dadurch	Konjunktiv
			b) damit desto	Konjunktiv in Verbindung mit komparativischem Ausdruck
	Konsekutivsätze (semantischer Wert: **konsekutiv**)			
19	oft Signalwort wie: **sic, ita, tam, tantopere; is – ea – id**	ut[3]	so daß	Konjunktiv
		ut non[6]	so daß nicht	

1 Zu **dum (modo)** mit Konj. vgl. auch Nr. 2c.
2 Dieses **quod** wird auch als ursprüngliches Relativpronomen erklärt (vgl. Nr. 23—25). Zu **quod** vgl. außerdem Nr. 7 und in Tabelle 5.2.1. Nr. 11 bis 14.
3 Zu **ut** vgl. auch Nr. 3, 12, 17, 19, 20 und in Tabelle 5.2.1. Nr. 1, 4, 5, 6, 8, 9a.
4 Zu **ne** vgl. auch in Tabelle 5.2.1. Nr. 4, 5, 6, 7.

Hinweise zum Inhalt	Beispiele	Übersetzung
Die Handlung des NS wird als Voraussetzung für die Handlung des HS dargestellt, ihre Verwirklichung wird gewünscht.	manent ingenia senibus, modo permaneat studium et industria. omnia recta et honesta neglegunt, dummodo potentiam consequantur.	(Auch) den Alten bleibt geistige Kraft erhalten, solange nur Eifer und Fleiß durchhalten. Sie achten das Richtige und Anständige gering, wenn sie nur die Macht erlangen.
Der NS gibt den Sachverhalt an, der Anlaß oder Bezugspunkt für die Aussage des HS ist. Manchmal wird der Inhalt des NS durch ein Pronomen wieder aufgegriffen.	quod cum illo homine perfido colloqui vis, potes (id) mea voluntate facere. quod urbem hostibus tradimus, factum est inopia aquae.	Wenn du mit diesem Treulosen sprechen willst, kannst du das meinetwegen tun. Wenn wir die Stadt übergeben haben, (so wisse:) es geschah aus Mangel an Wasser.
Der NS gibt den Zweck an, der mit der Handlung des HS angestrebt wird.	legum idcirco omnes servi sumus, ut liberi esse possimus. magistratum depone, ne in posterum aliis consulibus malo exemplo sis.	Wir sind deswegen Untertanen des Gesetzes, damit wir frei sein können. Lege dein Amt nieder, damit du nicht in Zukunft anderen Konsuln ein schlechtes Beispiel bist.
b) Das angestrebte Ziel liegt in einer Steigerung.	id non facimus, quo periculum vobis faciamus. adiuva me, quo id fiat facilius!	Dies tun wir nicht, um euch dadurch zu gefährden (. . . damit wir euch dadurch . . .). Hilf mir, damit es desto leichter wird.
Der NS gibt eine tatsächliche oder gedachte Folge einer Handlung an[7].	corvi verba tantum risum Caesari moverunt, ut emere avem non diutius dubitaret. in eam rationem vitae Socratem sapientia deduxit, ut sempiterna ei gloria sit.	Die Worte des Raben brachten den Kaiser so zum Lachen, daß er nicht länger zögerte den Vogel zu kaufen. Die Weisheit führte Sokrates zu einer solchen Lebensweise, daß er unsterblichen Ruhm erlangte.

Zu **quo** vgl. auch die Relativsätze Nr. 23 bis 25.
Zu **ut non** vgl. auch Nr. 12 und in Tabelle 5.2.1. Nr. 8, 9a.
Zweck einer Handlung und gedachte Folge einer Handlung sind sachlich oft gleich; finaler und konsekutiver semantischer Wert sind also miteinander verwandt. Welche Aussageweise gewählt wird, hängt vom Blickpunkt des Sprechers ab.

Nr.	Übergeordneter Satz (HS)	Untergeordneter Satz (NS)	
	Textmerkmale	Konjunktion/Bedeutung	Modus/Tempus
	Komparativsätze (semantischer Wert: **komparativ**)		
20	korrespondierende Partikel wie: (ita/sic) ... ut[1] (adeo) ... ut (tam) ... quam idem ... atque par ... atque similis ... atque alius ... atque aliter ... atque	so ... wie (zu ita/sic ... ut, adeo ... ut, tam ... quam) derselbe ... wie gleich ... wie ähnlich ... wie ein anderer als anders als	Indikativ oder Konjunktiv Manchmal fehlt im NS das Prädikat, weil das Prädikat des HS auch für den NS gilt.
21		quasi, tamquam (si), velut (si): gleich als ob, als wenn	meist Konjunktiv
22	Komparativ oder **alius, -a, -ud** oder **aliter**	**quam** als	Indikativ oder Konjunktiv (Ein Prädikat im NS kann fehlen.)

1 Zu **ut** vgl. auch Nr. 3, 12, 17, 19 und in Tabelle 5.2.1. Nr. 1, 4, 5, 6, 8, 9.

Hinweise zum Inhalt	Beispiele	Übersetzung
Es wird angegeben, wie sich die Sachverhalte des NS und des HS zueinander verhalten in qualitativer Hinsicht (Beschaffenheit) und quantitativer (Maß, Eindringlichkeit). Der Modus richtet sich nach den Regeln der Aussagesätze, je nachdem ob der Vergleich sich auf Tatsachen stützt (Indikativ) oder auf Annahmen (potential, irreal — Konj. I, II) beruht.	haec, sicut exposui, ita gesta sunt. quid est oratori tam necessarium quam vox fortis? velim eadem decernat ac paulo ante decrevit.	Das ist so gemacht worden, wie ich es dargelegt habe. Was hat ein Redner so nötig wie eine kräftige Stimme? Hoffentlich entscheidet er genauso wie (er) kurz vorher (entschieden hat)!
Die Aussage des HS wird mit einem bloß angenommenen Sachverhalt verglichen.	loquebaris, quasi divinitus afflatus esses.	Du sprachst, als wärest du von göttlichem Geiste angehaucht.
	vicinus meliorem equum habet, quam tuus est.	Dein Nachbar hat ein besseres Pferd, als es deines ist.

Nr.	Übergeordneter Satz (HS)	Untergeordneter Satz (RS)	
	Textmerkmale	Einleitungswort/Modus	Hinweise zu Inhalt/Funktion

Relativsätze[1]

Vorbemerkung:
Relativsätze werden im allgemeinen eingeleitet durch ein Relativpronomen (RP),
— das in Numerus und Genus in der Regel mit einem Beziehungswort kongruiert und
— dessen Kasus durch die Funktion des Relativpronomens (RP) im Relativsatz bestimmt wird.

Nr.	Textmerkmale	Einleitungswort/Modus	Hinweise zu Inhalt/Funktion
23	Demonstrativpronomen, Pronomen **is – ea – id, talis, tantus** o.ä. oder ein Nomen als Beziehungswort (Das Beziehungwort steht oft unmittelbar vor dem Relativpronomen.)	Relativpronomen **qui – quae – quod**[2], **qualis, quantus** o.ä., **quicumque, quisquis** oder Relativadverb wie: **ubi, unde, quo** Modus: Indikativ[3]	Der Relativsatz enthält eine nähere Bestimmung zum Beziehungswort, die als objektiv und wirklich dargestellt wird[4]. Funktion: **Attribut**
24	Beziehungswort für den Relativsatz wie bei Nr. 23	in der Regel Relativpronomen **qui – quae – quod** Modus: Konjunktiv	Der Relativsatz enthält eine nähere Bestimmung zum Beziehungswort, die zugleich eine adverbative (adverbiale) Information gibt (vgl. 4.4.2.). Funktion: **Prädikativ** Dabei treten folgende semantischen Werte auf:
a		mögliche Signalwörter: **ut, utpote, quippe**	Durch den RS wird auch der Grund für die Handlung des HS angegeben. semantischer Wert: *kausal*
b	manchmal Signalwort: **tamen**		Durch den RS wird auch eine Einschränkung oder ein Gegengrund für die Aussage des HS angegeben. semantischer Wert: *konzessiv*
c	Prädikat aus dem Bedeutungsbereich Kommen, Schicken, Geben, Wählen, Machen (zu), Überlassen u.ä., z. B.: **venire, mittere, dare, creare, tradere**	außer Relativpronomen auch: Relativadverbien wie: **ubi, unde, quo**	Durch den RS wird auch der Zweck, zu dem die Handlung des HS ausgeführt wird, angegeben. semantischer Wert: *final*

1 Zu Übersetzungsproblemen bei Relativsätzen vgl. 6.5.
2 Manchmal steht ein Relativpronomen am Beginn eines neuen selbständigen Satzes. Zu diesem sogenannten Relativischen Anschluß siehe Kap. 6.5.2.5.

Beispiele	Übersetzung
(Sg. m.) (Dativ) servus, cui omnia mea committebam, mihi mortuus est.	Mein Diener, dem ich alle meine Angelegenheiten anvertraute, ist mir gestorben.
ea, quae vera sunt, semper dicam. hostes, qui fugiunt, non sunt timendi. plerique amicos (tales) volunt, quales ipsi esse non possunt. Apollo Pythius erat is, unde omnes consilium expetebant.	Ich werde immer die Wahrheit sagen. Feinde, die fliehen, braucht man nicht zu fürchten. Die meisten wollen solche Freunde haben wie sie selbst nicht sein können. Es war der Apoll von Delphi, von dem alle einen Rat erbaten.
Ciceronem, qui ad multam noctem vigilasset, artior somnus complexus est. tribunorum plebis potestas mihi quidem pestifera videtur, quippe quae in seditione et ad seditionem nata sit.	Cicero, der (= da er) bis spät in die Nacht wach gewesen war, schlief ziemlich fest. Die Macht der Volkstribunen, die ja in einem Aufstand entstanden und auf Aufstand hin ausgerichtet ist, scheint mir jedenfalls unheilvoll zu sein.
Hannibal, qui tot milites in Alpibus transgrediendis perdidisset, tamen Romanis statim bellum intulit.	Hannibal, der doch so viele Soldaten beim Marsch über die Alpen verloren hatte, begann sogleich seinen Krieg gegen die Römer.
socii legatos Romam miserunt, qui auxilium peterent. homini addidit natura rationem, qua regerentur animi appetitus. latrones locum in silva destinaverunt, quo praedam abderent.	Die Verbündeten schickten Abgesandte nach Rom, die um Hilfe bitten sollten. Dem Menschen gab die Natur die Vernunft, die das Triebverlangen zügeln sollte. Die Räuber machten einen Platz im Walde aus, wo sie ihre Beute verstecken wollten.

Gelegentlich steht im RS der Konjunktiv, wenn der HS konjunktivisch ist (sog. Modusangleichung).

Den Relativsätzen mit **quod** stehen die quod-Sätze nahe, die eine Erklärung zu einem Wort des Hauptsatzes oder zum Inhalt des Hauptsatzes im ganzen enthalten (vgl. Tabelle 5.2.1. Nr. 11 bis 14) oder den bedingenden Umstand angeben (vgl. Tabelle 5.2.2. Nr. 16).

Nr.	Übergeordneter Satz (HS)	Untergeordneter Satz (RS)	
	Textmerkmale	Einleitungswort/Modus	Hinweise zu Inhalt/Funktion
d	fast immer ein hinweisender Ausdruck wie: **is, talis („von der Art"), tam** oder (häufig) Kurzformel wie: **sunt, inveniuntur, est, existit, nemo est** } **(qui)** **(„es gibt Leute, die . . .")** **(„es gibt jemanden/niemanden, der . . .")** **nihil est, non est** } **(quod)** **(„es gibt keinen Grund dafür, daß . . .")** oder (seltener) qualifizierendes Adjektiv wie: **aptus/idoneus – „geeignet (daß/zu)"** **dignus – „wert (daß)"** oder (selten) Komparativ mit **quam** vor dem RP **(„zu (groß) als daß . . .")**	statt Relativpronomen manchmal Relativadverbien wie: **ubi, unde, quo** Wenn der HS verneint ist, steht in einem ebenfalls verneinten Relativsatz häufig ein unveränderliches **quin** (statt: **qui non, quae non** etc.).	Durch den RS wird auch eine Folgerung angegeben, die sich aus der Beschaffenheit der mit dem Beziehungswort des RP bezeichneten Person oder Sache ergibt. semantischer Wert: *konsekutiv* Kurzformeln wie **sunt, qui** lassen den Wirklichkeitsgehalt des Relativsatzes unbestimmt[1]. Negative Kurzformeln wie **nemo est, qui/quin** verstärken den verneinenden Charakter der Aussage. Der RS enthält eine Folgerung, die sich aus der im Adjektiv bzw. dem Komparativ enthaltenen Wertung ergibt oder ergeben sollte.
e	meist Konjunktiv I (potential) oder Konjunktiv II (irreal)	meist entspricht der Konjunktiv des Relativsatzes dem des HS	Durch den Relativsatz wird auch eine mögliche Voraussetzung (Bedingung) für die Aussage des HS angegeben. semantischer Wert: *konditional*
25	kein Beziehungswort im HS: — oft ist es in den Relativsatz hineingenommen — oder muß aus dem Zusammenhang des Relativsatzes erschlossen werden.	Satzbau: Relativsatz manchmal vorangestellt; ein in den Relativsatz hineingenommenes Beziehungswort steht gewöhnlich unmittelbar hinter dem RP. Modus in der Regel: Indikativ	Der Relativsatz vertritt die Funktion, die das in den Relativsatz hineingenommene oder erschließbare Beziehungswort im HS gehabt hätte. Aber auch hier kann man attributive und prädikative Relativsätze unterscheiden.

1 Diese Art der vorsichtigen Behauptung steht dem Potentialis nahe (vgl. 5.1.3.2.a).

Beispiele	Übersetzung
homines rationem habent sagacem, quae et causas rerum et consecutiones videat.	Die Menschen haben einen scharfen Verstand, der die Ursachen und Folgen der Dinge sehen kann.
talem te esse oportet, qui te ab impiorum societate seiungas.	Du sollst ein (solcher) Mensch sein, der sich von der Gesellschaft der Frevler absondert.
sunt quidam, qui haec subtilius velint tractare.	Es gibt Leute, die das noch feinsinniger behandeln wollen.
is, qui iacet in terra, non habet, unde cadat.	Wer schon auf dem Boden liegt, hat nichts, wovon er herunterfallen kann.
nulla acies humani ingenii est, quae penetrare in mundum possit.	Kein menschlicher Verstand ist so scharf, daß er das Weltall durchdringen könnte.
nemo est, quin acutius vitia in altero quam in se ipso videat.	Es gibt niemanden, der nicht die Fehler bei einem anderen schärfer sieht als bei sich selbst. (Jeder sieht die Fehler . . .)
illum Caesar idoneum iudicaverat, quem cum mandatis ad Pompeium mitteret.	Ihn hatte Cäsar für einen Menschen gehalten, den er mit Aufträgen zu Pompeius schicken könnte.
nonnullis ferocior oratio visa est, quam quae habenda esset.	Manchen schien diese Rede zu scharf, als daß man sie hätte halten sollen.
haec qui videat, nonne cogatur confiteri deos esse?	Wenn einer dies sieht, sollte er nicht bekennen müssen, daß es Götter gibt?
felix (est), quem faciunt aliena pericula cautum. (S)	Glücklich (der), den anderer Menschen Gefahren vorsichtig machen.
quae munera deo tulerant, in templo collocaverunt. (O)	Die Opfergaben, die sie dem Gott brachten, stellten sie im Tempel auf.
multi aliis eripiunt, quod aliis largiantur. (O)	Viele nehmen den einen (das), was sie dann anderen schenken wollen.
Xerxes praemium proposuit, qui invenisset novam voluptatem. (Erg.)	Xerxes setzte für den eine Belohnung aus, der eine neue Art von Genuß erfände.
omnes antiquae gentes regibus paruerunt, quod genus imperii primum ad homines iustissimos et sapientissimos deferebatur. (Apposition)	Alle alten Völker haben Königen gehorcht, eine Herrschaftform, die zuerst besonders gerechten und weisen Menschen übertragen wurde.

Erweiterungen in Form von satzwertigen Konstruktionen

Nr.	Beschreibung der Konstruktion	Eingliederung der Konstruktion in den Satz

26 **Prädikatives oder attributives Partizip**

Textbefund:
Nomen/ Pronomen (als Beziehungswort) mit einem kongruierenden Partizip[1]. Diese Wortgruppe kann in allen Kasus auftreten, je nach der Funktion des Beziehungswortes im Satz.

Verdeutlichung der Satzwertigkeit:
Wenn die Aussage der Partizipialkonstruktion als Satz formuliert wird, erscheint
— das Partizip als Prädikat,
— das Beziehungswort als Subjekt zu diesem Prädikat,

z. B.:
cur vocatus non venisti?
cur non venisti, { cum vocatus eras/esses? / quamquam vocatus eras? / qui vocatus esses?

ne disturbemus amicum dormientem!
ne disturbemus amicum, { qui dormit/dormiat! / quia dormit! / dum dormit!

Umfang der Konstruktion:
Das Partizip kann wie ein Prädikat Ergänzungen oder Erweiterungen bei sich haben, z. B.:
tribunum iterum consulatum petentem
(Erw.) (Obj.)
non adiuvant.

Funktion des Beziehungswortes:
Das Beziehungswort selbst hat eine klar erkennbare Funktion im Satz:
— meist als Subjekt oder Objekt,
— seltener als Ergänzung in anderer Form oder als Erweiterung.

Wenn gelegentlich das Beziehungswort nicht ausdrücklich im Satz genannt ist, kann es leicht aus dem Kontext ergänzt werden: Meistens ist es dann als Subjekt in der Prädikatform enthalten (Satz 1).

Funktion des Partizips:
Je nach dem Kontext bestimmt sich die Funktion des Partizips (**Attribut** oder **Prädikativ**) und damit auch seine Übersetzung[2].

Semantischer Wert des Partizips:
Auch der semantische Wert des Partizips ist abhängig vom Kontext:
Ein *temporaler* Sinn ist fast immer denkbar; mit ihm können sich andere semantische Werte verbinden, z. B.:
kausal (Satz 2, 3, 5, 10), *konzessiv* (Satz 1
konditional (Satz 4), *final* (Satz 8).
Eine eindeutige Bestimmung des semantischen Wertes ist nicht immer möglich; in solchen Fällen kann das Partizip oft auch als Attribut gedeutet werden (Satz 2, 6, 7, 9).

Alle Partizipialformen können auftreten:

Zeitverhältnis:
Die Partizipialformen zeigen das Zeitverhältnis zwischen der Aussage des Partizips und des Satz-Prädikats an, und zwar

— Partizip Präsens Aktiv →	— Gleichzeitigkeit
— Partizip Perfekt Passiv/Deponens →	— (meist) Vorzeitigkeit
— Partizip Futur Aktiv →	— Nachzeitigkeit

1 Deshalb gelegentlich auch als „Participium coniunctum" bezeichnet.
2 Zu den vielfachen Übersetzungsmöglichkeiten vgl. 6.4.1.

Beispiele	Übersetzung
1) cur vocatus non venisti? (S)	Warum bist du nicht gekommen, als/obwohl ich dich gerufen hatte. (... als/obwohl du gerufen warst?)
2) ne disturbemus amicum dormientem! (O)	Laßt uns den schlafenden Freund nicht wecken! (Wir wollen unseren Freund nicht wecken, da/solange er schläft!)
3) tribunum iterum consulatum frustra petentem non adiuvant. (O)	Sie helfen dem Tribun nicht, wenn/weil er sich erneut ohne Aussicht auf Erfolg um das Konsulat bewirbt.
4) homini mendaci ne verum quidem dicenti credimus. (Erg.)	Einem Lügner glauben wir auch nicht, wenn er die Wahrheit sagt.
5) cognovimus Tarquinium Superbum Ardeam frustra oppugnantem imperium perdidisse. („Subj." im ACI)	Wir wissen, daß Tarquinius Superbus durch den erfolglosen Sturm auf Ardea sein Reich zugrunde richtete. (... als/weil er Ardea erfolglos bestürmte, ...)
6) omnes aliud agentes aliud simulantes perfidi sunt. (S)	Alle, die anders handeln, als sie (zu handeln) vorgeben, sind unredlich.
7) Pisistratus Homeri libros confusos antea sic disposuit, ut nunc habemus. (O)	Peisistratos ließ die vorher ungeordneten Bücher Homers so ordnen, wie wir sie jetzt haben.
8) revertit fratrem adiuturus. (S)	Er kehrte zurück, um seinem Bruder zu helfen.
9) Caesar filiam Pisonis successuri sibi in consulatu in matrimonium duxit. (Attr.).	Cäsar heiratete die Tochter Pisos, der ihm im Konsulat nachfolgen sollte.
10) restitere Romani tamquam[4] caelesti voce iussi. (S)	Die Römer leisteten wie auf Befehl einer himmlischen Stimme Widerstand.

In Klammern wird die Funktion angegeben, die das Beziehungswort des Partizips im Satz hat.
Außer **tamquam** signalisieren u. a. auch **ut, velut, quasi** einen angenommenen Grund.

Nr.	Beschreibung der Konstruktion	Eingliederung der Konstruktion in den Satz
	## Ablativ mit prädikativem Partizip	
27	**Textbefund:** Nomen/Pronomen im Ablativ (als Beziehungswort) in Verbindung mit einem kongruierenden Partizip Manchmal tritt statt eines Partizips auch ein Substantiv oder ein Adjektiv auf; meistens handelt es sich dabei um formelhafte Wendungen wie: (patre) invito, (Caesare) duce.	**Funktion der Konstruktion:** Das Beziehungswort allein — ohne das Partizip — hat in der Regel keine Funktion im Satz; erst die Konstruktion als ganze fügt sich sinnvoll als **adverbative (adverbiale) Erweiterung** in den Satz ein[1].
	Verdeutlichung der Satzwertigkeit: Wenn die Aussage der Konstruktion als Satz formuliert wird, erscheint — das Partizip als Prädikat, — das Nomen/Pronomen als Subjekt zu diesem Prädikat, z. B.: deliberante senatu Saguntum periit. dum deliberat senatus, Saguntum periit.	**Semantischer Wert der Konstruktion:** Der semantische Wert dieser adverbativen (adverbialen) Erweiterung ist vom Kontext abhängig: Ein temporaler Sinn ist fast immer denkbar; mit ihm verbinden sich oft andere semantische Werte, z. B.: *kausal* (Satz 8), *konzessiv* (Satz 3, 6), *konditional* (Satz 5), *modal* (Satz 4). Ein finaler semantischer Wert kommt in dieser Konstruktion nicht vor.
	Umfang der Konstruktion: Das Partizip kann wie ein Prädikat Ergänzungen oder Erweiterungen bei sich haben, z. B.: Aristide iniuriā a civibus patriā pulso (Erw.) (Erw.) (Erg.) Persae Graecos aggressi sunt. Im allgemeinen rahmen Nomen/Pronomen im Ablativ und das Partizip die zugehörigen Ergänzungen/Erweiterungen ein.	
	Als Partizipialformen können auftreten: — Partizip Präsens Aktiv → — Partizip Perfekt Passiv bzw. (selten) Deponens → Ein Partizip Futur — zum Ausdruck der Nachzeitigkeit — kommt nur sehr selten vor.	**Zeitverhältnis:** Die Partizipialformen zeigen das Zeitverhältnis zwischen der Aussage der Partizipialkonstruktion und der des Satz-Prädikats an, und zwar: — Gleichzeitigkeit — (meist) Vorzeitigkeit

1 Weil das Nomen/Pronomen im Ablativ aus dem Funktionszusammenhang herauszufallen scheint, nennt man diese Konstruktion auch „ablativus absolutus" („losgelöster Ablativ").

eispiele	Übersetzung
) deliberante senatu Saguntum periit.	Während der Senat (noch) beriet, ging Sagunt (den Römern) verloren.
) Aristide iniuriā a civibus patriā pul- o Persae Graecos aggressi sunt.	Als Aristides zu Unrecht von seinen Mitbürgern aus seiner Heimat vertrieben wurde, griffen die Perser die Griechen an.
) perditis omnibus rebus tamen ipsa irtus se sustentare potest.	Auch wenn man alles verloren hat, ist Tüchtigkeit aus eigener Kraft heraus imstande sich durchzusetzen.
) Troiā exibant capitibus opertis.	Sie verließen Troja verhüllten Hauptes. (. . . nachdem sie ihre Häupter verhüllt hatten.)
) natura duce errari nullo modo otest.	Mit der Natur als Führerin (unter der Führung der Natur/wenn die Natur leitet,) kann man nicht irregehen.
) me invito hoc fecisti.	Das hast du gegen meinen Willen getan. (. . . , obwohl ich es nicht wollte.)
) vere ineunte aves e terris ad solem ectantibus in Europam revolant.	Zu Frühlingsanfang (wenn der Frühling beginnt,) kehren die Vögel aus südlichen Ländern nach Europa zurück.
) audito, quae domi acta essent[2], pa- ntes quam celerrime ex Asia reverte- nt.	Als die Eltern hörten, was sich zu Hause ereignet hatte, kehrten sie so schnell wie möglich von ihrer Asienreise zurück.
) ut[3] re confecta omnes curam et dili- entiam remittunt.	Sie lassen alle in ihrer Sorgfalt und Aufmerksamkeit nach, wie wenn die Angelegenheit beendet wäre.

Als Beziehungsgröße für das Partizip kann sogar ein ganzer Satz erscheinen, hier ein indirekter Fragesatz.

Außer **ut** signalisieren u. a. auch **velut, quasi, tamquam** einen angenommenen Grund.

Nr.	Beschreibung der Konstruktion	Eingliederung der Konstruktion in den Satz
28	**Prädikative nd-Form**[1] **Textbefund:** Nomen/Pronomen (als Beziehungswort) in Verbindung mit kongruierender nd-Form, die im Kontext nicht als Prädikatsnomen (vgl. 4.1.2.2.) gedeutet werden kann. Die Funktion der nd-Form ist **prädikativ.** **Bedeutung der nd-Form:** Die im zugrundeliegenden Verb dargestellte Handlung wird ausgeführt; die prädikative nd-Form entspricht einem Partizip Präsens Passiv. **Verdeutlichung der Satzwertigkeit:** Wenn die Aussage der nd-Konstruktion als Satz formuliert wird, erscheint — die nd-Form als Prädikat, — das Beziehungswort als Subjekt zu diesem Prädikat (bzw. bei aktivischer Umformung als Objekt), z. B.: **in urbe defendenda** aqua deficiebat. **dum urbs defenditur,** / **dum (cives) urbem defendunt,** } aqua deficiebat. **Umfang der Konstruktion:** Die nd-Form kann adverbativ (adverbial) erweitert werden, z. B.: **in urbe diu defendenda aqua deficiebat.**	**Funktion des Beziehungswortes:** Das Beziehungswort hat eine eindeutig erkennbare Funktion im Satz: Es kann als Erweiterung, als Objekt, als Ergänzung anderer Art oder auch (seltener) als Subjekt auftreten. Im allgemeinen bilden jedoch Beziehungswort und prädikative nd-Form eine inhaltliche Einheit; diese ist bisweilen so eng, daß sie sogar als funktionale Einheit im Satz angesehen werden kann (z. B. Satz 6, 9). **Semantischer Wert der Konstruktion:** Bei adverbativer (adverbialer) Funktion[2] der nd-Konstruktion ist deren semantischer Wert vom Kontext abhängig: Häufig erscheinen die semantischen Werte *temporal* (Satz 1, 6), *kausal* (Satz 2). Nach Verben wie **tradere, dare, relinquere** u. ä. hat die prädikative nd-Form den semantischen Wert *final* (Satz 7, 8). **Zeitverhältnis:** Die prädikative nd-Form drückt eine Gleichzeitigkeit oder Nachzeitigkeit aus; sie entspricht etwa einem Partizip Präsens/Futur Passiv.
29	**Supinum auf -um**[4] **Textbefund:** (Unveränderliche) Nominalform eines Verbs auf **-um;** diese Form gleicht zwar dem PPP, kongruiert aber nicht mit einem Beziehungswort und kann im Satz nicht als PPP (vorzeitig und passivisch) gedeutet werden. Diese Form ist das Supinum auf **-um.** ↓	**Prädikat des Satzes:** Ein Verb aus dem Bedeutungsbereich: — sich fortbewegen, — eine Fortbewegung veranlassen, z. B.: **ire, venire, discedere, proficisci, mittere, vocare, ducere** u. ä. Die mit dem Supinum bezeichnete Handlung ist Ziel oder Zweck der im Satz-Prädikat dargestellten Bewegung. ↓

1 Zur Übersetzung der nd-Formen vgl. 6.4.2. und 6.4.3. b).
2 In einigen Fällen wird eine adverbative (adverbiale) Funktion auch übernommen vom Verbalsubstantiv auf **-nd-** (Gerundium) mit einer Ergänzung, z. B.:
ad exercendum vocabula facultatem non habebam. **Zum Vokabellernen hatte ich keine Zeit.**

Beispiele	Übersetzung
1) in urbe defendenda aqua et cibi deficiebant. (Erw.)	Während die Stadt verteidigt wurde, gingen Wasser und Brot aus.
2) in urbe diu defendenda aqua et cibi deficiebant. (Erw.)	Weil die Stadt (so) lange verteidigt wurde, gingen Wasser und Brot aus. (Während der langen Verteidigung der Stadt . . .)
3) ille campus bello gerendo aptus est. (Erg.)	Jenes Gelände ist zu Kriegsführung geeignet.
4) natura cupiditatem ingenuit homini veri videndi. (Attr.)	Die Natur pflanzte dem Menschen das Verlangen danach ein, das Wahre zu erkennen.
5) restat, ut de imperatore deligendo dicam. (Erg.)	Es bleibt mir noch, über die Wahl des Feldherrn zu sprechen.
6) donum ne capiant neve petenda neve gerenda potestate. (Erw.)	Man soll kein Geschenk annehmen, weder bei der Bewerbung um ein Amt noch während der Amtsführung.
7) parentes liberos magistris diligenter educandos tradunt. (O)	Eltern vertrauen ihre Kinder Lehrern zur sorgfältigen Erziehung an. (. . . , damit sie sorgfältig erzogen werden.)
8) liberi magistris educandi traduntur. (S)	Kinder werden Lehrern zur Erziehung anvertraut.
9) Caesar pontem aedificandum curavit. (O)	Cäsar sorgte für den Bau einer Brücke.

1) totius fere Galliae legati ad Caesarem gratulatum convenerunt.	Aus fast ganz Gallien kamen Abgesandte, um Cäsar zu beglückwünschen.
2) regem adeunt petitum amicitiam.	Sie gehen zum König, um seine Freundschaft zu erbitten.

In Klammern wird die Funktion angegeben, die das Beziehungswort der nd-Form im Satz hat.
Zum Supinum auf **-u** vgl. 3.2.4. c) und 4.4.1.2. b) 2) (S. 44).

Nr.	Beschreibung der Konstruktion	Eingliederung der Konstruktion in den Satz
	Verdeutlichung der Satzwertigkeit: Wenn die Aussage der Konstruktion als Satz formuliert wird, erscheint das Supinum als Prädikat eines Finalsatzes, dessen Subjekt meist identisch ist mit dem des übergeordneten Prädikats, z. B.: legati ad Caesarem convenerunt gratulatum. legati ad Caesarem convenerunt, ut gratularentur.	**Funktion** des Supinums: Adverbativ (Adverbial) **Semantischer Wert:** final **Umfang der Konstruktion:** Das Supinum auf **-um** kann wie ein Prädikat Ergänzungen bei sich haben, z. B.: regem adeunt petitum amicitiam.

5.2.3. Die indirekte Rede

Direkte Rede	Indirekte Rede
Wenn Gedanken oder Äußerungen unverändert so wiedergegeben werden, wie sie gedacht oder gesprochen wurden, nennt man diese Darstellung **„direkte Rede"** (oratio recta). Dabei sind die zitierten Äußerungen von einer einleitenden Bemerkung grammatisch unabhängig.	Wenn Gedanken oder Äußerungen einer Person von einem anderen Sprecher/Erzähler wiedergegeben werden, nennt man diese Darstellung **„indirekte Rede"** (oratio obliqua). In ihr sind die referierten Äußerungen grammatisch abhängig von einem übergeordneten Verb des Sagens o. ä.
Beispiele:	Dieselben Aussagen in indirekter Rede[1]:
Caesaris legationi Ariovistus respondit haec:	Caesaris legationi Ariovistus respondit
Haeduis obsides non *reddam* neque his neque eorum sociis iniuriā bellum *inferam*, si in eo *manent*, quod *convenit*, stipendiumque quotannis *pendent;*	Haeduis *se* ⑥ obsides *redditurum* ① non *esse* neque his neque eorum sociis iniuriā bellum *inlaturum* ①, si in eo *manerent* ②, quod *convenisset* ④, stipendiumque quotannis *penderent* ②;
si id non *fecerint*, longe his fraternum nomen populi romani *aberit*. si quid *mihi* a Caesare opus esset, ad eum *venirem* (irreal); si quid ille *me* velit (potential), illum ad *me* venire *oportet*.	si id non *fecissent* ⑤, longe his fraternum nomen populi romani *afuturum* ①. si quid *ipsi* ⑥ a Caesare opus esset ⑦, *sese* ⑥ ad eum *venturum fuisse* ⑦; si quid ille *se* ⑥ velit ③, illum ad *se* ⑥ venire *oportere* ①.
⇓	⇓

1 Die Stellen, an denen syntaktische Unterschiede der beiden Redeformen sichtbar werden, sind durch *Schrägdruck* kenntlich gemacht und unter den betreffenden Nummern in der vierten Spalte erklärt.

2 Vgl. die Regeln über die Zeitenfolge (5.0.4.3.).
Wenn jedoch in einem abhängigen Satz/Satzgefüge ein Infinitiv Perfekt auftritt, dem seinerseits weitere Sätze untergeordnet sind, so richtet sich deren Prädikat in der Angabe des Zeitverhältnisses nach

Beispiele	Übersetzung
3) socii legatos Romam miserunt auxilium rogatum.	Die Verbündeten schickten Abgesandte nach Rom mit der Bitte um Hilfe.
4) Athenienses miserunt Delphos consultum, quidnam facerent.	Die Athener schickten (eine Gesandtschaft) nach Delphi, um sich Rat zu holen, was sie denn tun sollten.

Übersetzung der indirekten Rede	Erläuterungen zur indirekten Rede
Ariovist antwortete den Gesandten Cäsars, er werde den Häduern ihre Geiseln nicht zurückgeben; auch werde er weder gegen sie noch gegen ihre Bundesgenossen ungerechterweise Krieg führen, wenn sie bei dem blieben, was vereinbart sei, und jährlich ihre Abgaben zahlten. Täten sie das nicht, dann werde ihnen der Titel „Bruder des römischen Volkes“ nirgends helfen. Wenn er etwas von Cäsar nötig hätte, dann würde er ihn aufsuchen; wenn aber Cäsar etwas von ihm wolle, dann müsse er seinerseits zu ihm kommen. ⇓	① Im **ACI** stehen Ausssagesätze (Behauptungen, Urteile — vgl. auch ⑩). Die Infinitive (Präs., Perf., Fut.) zeigen das Zeitverhältnis (gleichzeitig, vorzeitig, nachzeitig) zum Verb an, von dem die Rede abhängig ist. ② Im **Konjunktiv** stehen die Nebensätze innerhalb der indirekten Rede; ob es der Konjunktiv I oder II ist, richtet sich in der Regel nach dem Tempus des Verbs, von dem die Rede grammatisch abhängig ist[2]. ③ Nebensätze, die auch in der direkten Rede im Konjunktiv stünden, haben gelegentlich die **Konjunktiv**form der direkten Rede, um den semantischen Wert — im vorliegenden Beispiel: potential — eindeutig sichtbar werden zu lassen. ④ In den konjunktivischen Nebensätzen wird das relative **Zeitverhältnis** der Vorgänge untereinander (vorzeitig, gleichzeitig, nachzeitig) berücksichtigt; ⑤ dabei bezeichnen Vorzeitigkeitskonjunktive auch die Vorzeitigkeit gegenüber einer futurischen Aussage (also in Entsprechung zu einem Futur II). ⑥ Das **Reflexivpronomen** (se, sibi) verweist in der Regel auf das Subjekt des übergeordneten Verbs und dessen Bereich (suus, -a, -um) — also auf die 1. Person der direkten Rede. Dieser Rückbezug kann auch durch das Pronomen ipse ausgedrückt oder verstärkt werden.

---

diesem Infinitiv (und nicht nach dem Verb, dem die ganze indirekte Rede untergeordnet ist); dieses Zeitverhältnis wird in der Übersetzung oft nicht nachgeahmt, z. B.:

perspicitur ita nos natos esse, ut inter omnes esset societas.	Man erkennt, daß wir so geboren wurden, daß zwischen uns allen Gemeinschaft besteht.

Direkte Rede	Indirekte Rede
praeterea neque sine exercitu in eas partes Galliae venire *audeo,* quas Caesar *possidet,* neque exercitum sine magno commeatu atque molimento in unum locum contrahere *possum.* *mihi* autem mirum *videtur,* quid in *mea* Gallia, quam bello *vici,* aut Caesari aut omnino populo romano negotii *sit.*	praeterea *se* ⑥ neque sine exercitu in eas partes Galliae venire *audere* ①, quas Caesar *possideret* ② ④, neque exercitum sine magno commeatu atque molimento in unum locum contrahere *posse* ①. *sibi* ⑥ autem mirum *videri* ①, quid in *sua* ⑥ Gallia, quam bello *vicisset* ④, aut Caesari aut omnino populo romano negotii *esset* ②.
plerique existimabant haec: nisi eo ipso tempore quidam nuntii de Caesaris victoria allati essent, oppidum *amissum esset.*	plerique existimabant, nisi eo ipso tempore quidam nuntii de Caesaris victoria allati essent ⑦, *futurum fuisse* ⑧, *ut* oppidum amitteretur.

Außerdem sind noch folgende Merkmale der indirekten Rede bemerkenswert:

ad Ariovistum Caesar legatos misit cum mandatis his: obsides, quos *habes, redde! noli lacessere (≈ ne lacessiveris)* finitimas gentes iniuria *neque inferre (≈ neve intuleris)* sociis eorum bellum.	ad Ariovistum Caesar legatos cum mandatis mittit (misit), obsides, quos *haberet* ②, *redderet* ⑨*;* neve finitimas gentes iniuria *lacesseret neve* sociis eorum bellum *inferret* ⑨.
tribuni milites docebant: et ex proximis hibernis et a Caesare *convenient* subsidia; postremo quid *est* levius aut turpius quam auctore hoste de summis rebus capere consilium?	tribuni milites docebant et ex proximis hibernis et a Caesare *conventura* ① subsidia; postremo quid *esse* ⑩ levius aut turpius quam auctore hoste de summis rebus capere consilium.
per exploratores certiores facti sunt: ex ea parte vici, quam Caesar Gallis concesserat, omnes noctu *discesserunt.*	per exploratores certiores facti sunt ex ea parte vici, quam Caesar Gallis concesserat ⑪, omnes noctu *discessisse* ①.

1 Vgl. in Tabelle 5.2.1. Nr. 9a.

Übersetzung	Erläuterungen zur indirekten Rede
Außerdem wage er nicht, ohne Heer in die Teile Galliens zu kommen, die Cäsar besetzt halte, und er könne nicht das Heer ohne großen Lebensmittelnachschub und erhebliche Anstrengungen an einem Orte zusammenziehen. Es erscheine ihm aber befremdlich, was in seinem Gallien, das er im Krieg unterworfen habe, Cäsar oder das römische Volk überhaupt zu suchen hätten.	⑦ Bei einem **irrealen Satzgefüge,** bleibt der Bedingungssatz unverändert (Konj. II); im Hauptsatz der irrealen Periode finden wir häufig das Partizip Futur Aktiv (PFA) + **fuisse.**
Die meisten glaubten, die Stadt wäre verlorengegangen, wenn man nicht gerade zu dieser Zeit Nachrichten über einen Sieg Cäsars gebracht hätte.	⑧ Im Hauptsatz der irrealen Periode erscheint das Prädikat manchmal in der Umschreibung mit **futurum fuisse, ut** mit Konjunktiv[1] — vor allem bei passivischer Aussage.
Cäsar schickte Gesandte zu Ariovist mit dem Auftrag, die Geiseln, die er habe, zurückzugeben, die Nachbarstämme nicht durch Unrecht zu reizen und gegen deren Verbündete keinen Krieg zu führen.	⑨ **Befehle** erscheinen in der indirekten Rede als **Konjunktiv**sätze.
Die Offiziere erklärten den Soldaten, daß aus dem nächsten Winterlager und von Cäsar selbst Unterstützung kommen werde. Was sei schließlich leichtsinniger und schändlicher, als auf Feindeinwirkung hin Beschlüsse über die wichtigsten Angelegenheiten zu fassen.	⑩ Im **ACI** — aber mit Fragewort — stehen **rhetorische Fragen**[2] (da sie eine Behauptung in Frageform darstellen).
Durch Kundschafter wurden sie benachrichtigt, daß aus dem Teil des Dorfes, den Cäsar den Galliern überlassen hatte, alle über Nacht weggezogen seien.	⑪ Nebensätze im **Indikativ** enthalten Sachverhalte, die von der subjektiven Meinung des Berichtenden unabhängig sind und als objektive Tatsachen dargestellt werden.

Zur rhetorischen Frage vgl. 5.1.1.4.

6. Übersetzungsprobleme

6.1. Nomina

6.1.1. Substantive: Kasus - Numerus

6.1.1.1. Akkusativ

heu me miserum! o occasionem mirificam!	Weh, ich Armer! Welch eine wunderbare Gelegenheit!

Eine Wortgruppe im Akkusativ, die meist aus einer Ausrufpartikel mit Nomen/Pronomen und kongruierendem Adjektiv besteht und keine Funktion im Satz hat, dient dazu, Freude, Schmerz, Verwunderung auszudrücken. Dieser „Akkusativ des Ausrufs" wird mit dem Nominativ übersetzt.
(Diesen Akkusativ kann man als das Objekt eines nicht ausgedrückten Prädikats wie **videte!**, **audite!**, **dico** erklären.)

6.1.1.2. Dativ

Eine freiere Übersetzung des lateinischen Dativs ist in folgenden Fällen angebracht:

a) bei esse, z. B.:

avis pulcherrima tibi est. hoc usui est magno. mendaces ei odio erant.	Du hast einen wunderschönen Vogel. Dies ist sehr nützlich. Er haßte Lügner.

b) bei Angabe des Täters bei Verb im Passiv oder nd-Form, z. B.:

hic labor mihi frustra sumptus est. multae res tibi agendae sunt.	Diese Mühe habe ich umsonst aufgebracht. Du mußt vieles erledigen.

6.1.1.3. Genitiv

Der lateinische Genitiv sollte in manchen Fällen nicht mit dem Genitiv übersetzt werden. Bei der Wahl der Übersetzung hilft die Bestimmung des semantischen Wertes (vgl. 4.1.2.2. und 4.4.3.3.), z. B.:

poenae timore multi verum non dicunt. (semant. Wert: objektivisch)	Aus Furcht vor Strafe sagen viele nicht die Wahrheit.
cupiditate gloriae adductus magister equitum suis periculum intulit. (objektivisch)	Von Ruhmsucht getrieben, brachte der Reiteroberst seine Soldaten in Gefahr.
Socrates vir summae sapientiae erat. (qualitativ)	Sokrates war ein sehr weiser Mann. (... ein Mann von größter Weisheit.)

6.1.1.4. Singular — Plural

a) Der Singular kann eine Gruppe von Menschen, Tieren u. ä. bezeichnen, z. B.:

hostis adest.	Der Feind ist da. (Die Feinde sind da.)
senectus natura loquax est.	Alte Menschen sind von Natur aus geschwätzig.

b) Ein lateinischer Plural sollte manchmal mit einem kollektiven Singular oder einem anderen sinnverwandten Begriff wiedergegeben werden, z. B.:

liberi ligna colligebant.	Die Kinder sammelten Holz.
Socrates dicebat animos hominum esse divinos.	Sokrates sagte, daß die Seele des Menschen göttlich sei.
suae quemque conscientiae animi[1] terrent.	Einen jeden schreckt das eigene Gewissen.

Ähnliche Fälle sind:

nives Schneegestöber, Schneeflocken
aera Gefäße, Geräte aus Eisen; Münzen, Geld
iniuriae Unrecht, unrechte Handlungen
iracundiae Zorn, Zornesausbrüche

Hier bezeichnet der lateinische Plural einzelne oder wiederholte Erscheinungen des mit dem jeweiligen Begriff Gemeinten.

6.1.2. Adjektive

6.1.2.1. Substantivischer Gebrauch — Numerus

Im Lateinischen können Adjektive ebenso wie im Deutschen substantivisch gebraucht werden, z. B.:

docti non negant terram rotundam esse.	Gelehrte bestreiten nicht, daß die Erde rund ist.
nihil novi dixit.	Er sagte nichts Neues.
semper verum dic!	Sage immer die Wahrheit!
saepe perdifficile est vera a falsis diiudicare.	Oft ist es äußerst schwierig, Wahres und Falsches zu unterscheiden.
utilia honestis anteponenda non sunt.	Man darf nicht den Nutzen über das stellen, was anständig ist.
multa et[2] nova cognovi.	Ich habe viel Neues erfahren.

⇒

1 Begriffe wie **animus, corpus** können in der Übersetzung manchmal ausgelassen werden, z. B. **animi militum – „die Soldaten“**.

2 Ein **et** zwischen zwei Adjektiven, vor allem nach **multi,** wird meist nicht übersetzt.

Besonders häufig tritt ein Adjektiv im Neutrum substantivisch auf.
Im Singular bezeichnet es einen abstrakten Begriff, z. B.:
verum das Wahre **bonum** das Gute, das Gut
Im Plural bezeichnet es einzelne Erscheinungen oder Ausdrucksformen solcher Begriffe, z. B.:
vera wahre Dinge, wahre Aussagen, Wahres
bona gute Dinge, Güter, Gutes
Den Plural eines substantivisch gebrauchten Adjektivs im Neutrum gibt man im Deutschen mit einem kollektiven Singular (z. B. Wahres, Schreckliches) oder mit einer Umschreibung wieder.

6.1.2.2. Komparativ und Superlativ ohne Vergleichsgröße

a)

Helvetii angustiores se fines habere arbitrabantur.	Die Helvetier waren der Ansicht, ein zu enges Gebiet zu besitzen.
senatus frequentissimus erat.	Es waren sehr viele Senatoren anwesend.
Croesus rex divitissimus erat.	Krösus war ein steinreicher König.

Wenn bei einem lateinischen Komparativ oder Superlativ keine Vergleichsgröße genannt ist (oder mitgedacht ist) wird die Steigerung im Deutschen oft mit einem steigernden Begriff zum Ausdruck gebracht,
beim Komparativ mit: **zu, ziemlich, recht, etwas**
beim Superlativ mit: **sehr, höchst, äußerst**
oder einer Zusammensetzung wie:
weltbekannt (clarissimus), bildschön (pulcherrimus)

Beachte:
magis **mehr** (in höherem Grade)
plus **mehr** (in größerer Menge)
plures **mehr** (in größerer Anzahl)
(mit Vergleichsgröße)
plures **mehrere** (im Unterschied zu **einer** oder **wenige**)
(ohne Vergleichsgröße)
complures **mehrere** (d. h. **einige**)
(**„mehr“** als Übersetzung von **magis, plus, plures** ist nicht deklinierbar.)

b)

rem quam brevissime exponam.	Ich werde den Fall so knapp wie möglich erläutern.

Die Formelhafte Verbindung von **quam** + Superlativ wird im Deutschen ebenfalls mit einer Formel wiedergegeben: **möglichst** + Adjektiv in der Grundform, z. B.:
quam plurimi so viele wie möglich, möglichst viele

6.2. Pronomina und pronominale Adjektive

6.2.1. Reflexivpronomina

discipulus magistro gratias egit, quod de se optimum iudicium fecisset.	Der Schüler dankte dem Lehrer, daß/ weil er ein so günstiges Urteil über ihn gefällt hatte.
mulieres milites obsecrabant, ut sibi liberisque suis parcerent.	Die Frauen flehten die Soldaten an, sie und ihre Kinder zu schonen.

Reflexivpronomina
- im ACI
- in vielen untergeordneten Sätzen im Konjunktiv (meist Frage-, Wunsch-, Finalsätzen, manchmal auch Kausalsätzen)

verweisen sehr häufig auf das Subjekt des übergeordneten Prädikats; dabei werden die Formen **se** und **sibi** mit dem deutschen Personalpronomen übersetzt.

6.2.2. Demonstrativpronomina

Mit den drei Demonstrativpronomina **hic, iste, ille** kann der Sprecher das Dargestellte verschiedenen Bereichen zuordnen:

a) Mit **hic** weist der Sprecher das Dargestellte dem Bereich zu, der ihm am nächsten liegt oder der ihm besonders wichtig ist (und zwar in räumlichem, zeitlichem oder übertragenem Sinn), z. B.:

hac in urbe natus sum.	In dieser Stadt (in der ich, der Sprecher, mich befinde) bin ich geboren.
per hanc dextram obtestor te, ut hos caros habeas.	Bei dieser Rechten beschwöre ich dich, diese (hier) in Ehren zu halten.
eius belli causa fuit haec: ...	Die Ursache dieses Krieges war die folgende: ...

b) Mit **iste** weist der Sprecher auf das hin, was ihm gegenüberliegt, etwa im Bereich des Angesprochenen, z. B.:

perfer istos labores, sin autem isti sunt inutiles, recipe te!	Ertrage diese Mühen; wenn sie aber unnütz sind, komm zurück!

In persönlichen Auseinandersetzungen hat **iste** oft einen abwertenden Beigeschmack, z. B.:

quamdiu iste furor tuus nos eludet?	Wie lange wird diese deine Wut uns noch täuschen?

c) Mit **ille** weist der Sprecher das Dargestellte dem Bereich zu, der ihm in der jeweiligen Situation ferner liegt (und zwar in räumlichem, zeitlichem oder übertragenem Sinn), z. B.:

Catulus non antiquo illo more, sed hoc nostro fuit eruditus.	Catulus war nicht nach jener altertümlichen Weise erzogen, sondern nach unserer heutigen.
motu illo terrae multa aedificia corruerunt.	Durch jenes (oben erwähnte) Erdbeben stürzten viele Häuser ein.

Bisweilen wird mit **ille** auf Allbekanntes, das aus dem Bereich des Sprechers und des Angesprochenen in gleicher Weise herausgehoben ist, hingewiesen (in diesem Fall steht **ille** gewöhnlich hinter dem Beziehungswort), z. B.:

Plato ille philosophus Socratis discipulus erat.	Der (allen) wohlbekannte Philosoph Plato war Schüler des Sokrates.
Medea illa quondam ex Ponto profugit.	Die (als grausam) berüchtigte Medea floh einst aus Pontus.

6.2.3. ipse

Mit **ipse** hebt der Sprecher eine Sache oder Person hervor.

a) Es wird meist mit **„selbst"** oder anderen hervorhebenden Wörtern wiedergegeben, z. B.:

divitiae ipsae neminem beatum reddunt.	Reichtum allein macht niemanden glücklich.
ea ipsa belli causa fuit.	Genau das war die Ursache des Krieges.
illo ipso die venit.	Ausgerechnet an diesem Tage kam er.

Beachte: Falsch sind Übersetzungen wie: **„am selben Tage"** (lat.: **eodem die**) oder **„selbst/auch/sogar an diesem Tage"** (lat.: **illo quoque/etiam illo die**).

b) In untergeordneten Sätzen oder im ACI steht **ipse** auch anstelle eines Reflexivpronomens, wenn der Bezug auf das Subjekt des übergeordneten Prädikats verdeutlicht werden soll, z. B.:

dux certior factus est hostes sub monte consedisse ab ipsius castris milia passuum octo.	Der Führer erfuhr, daß die Feinde am Fuße eines Berges lagerten, von seinem eigenen Lager acht Meilen entfernt.

6.2.4. alius – alter

Bedeutungsunterschiede:

alter	**der eine, der andere** (von zweien)
	der zweite (Ordnungszahl)
alius	**ein anderer** (von mehr als zweien)
alii	**(irgendwelche) andere**
ceteri/reliqui	**die anderen, die übrigen (d. h. alle anderen)**

Übersetzungshinweise

Wenn **alter (alteri)** oder **alius (alii)** in einer Reihung (oft in verschiedenen Sätzen) auftreten, übersetzt man gegenüberstellend **„der eine ... der andere“ („die einen ... die anderen“)**, z. B.:

alter ferro, alter morbo periit.	Der eine ging durchs Schwert, der andere durch Krankheit zugrunde.
alii oculos in reum, alii in iudices, alii in oratorem intendebant.	Die einen schauten auf den Angeklagten, die anderen auf die Richter, wieder andere auf den Redner.

Wenn **alter** oder **alius** zweimal in verschiedenen Formen als Wortgruppe auftreten, übersetzt man entweder mit **„einander“** (bei wechselseitigem Verhältnis) oder (bei unterscheidendem Verhältnis) mit **„der eine dies ... der andere das“, „teils dies ... teils das“** oder ähnlichen Wendungen, z. B.:

Scipio et Ennius alter altero familiariter usi sunt.	Scipio und Ennius verkehrten freundschaftlich miteinander.
homines alius alium amare debent.	Die Menschen sollen einander lieben.
hominibus aliud alii a natura datum est.	Den Menschen ist von Natur jeweils Verschiedenes geschenkt worden.
aliud alii placet.	Dem einen gefällt dies, dem anderen das.

6.2.5. Mengenangaben

a) singuli, -ae, -a (Plural) wird entweder mit **„je einer“** (Singular) oder mit dem nicht deklinierten Wort **„einzeln“** wiedergegeben, z. B.:

iter tam angustus erat, ut singuli carri ducerentur.	Der Weg war so eng, daß die Wagen einzeln gezogen wurden.

b) uterque (Singular) wird meistens mit **„beide“** (Plural) wiedergegeben; **„jeder von beiden“** ist als Übersetzung oft zu schwerfällig, z. B.:

eo anno uterque consul cecidit.	In dem Jahre fielen beide Konsuln.

Beachte: **ambo** bedeutet **„beide zusammen“**, **uterque** dagegen **„beide“**, aber jeder für sich.

6.3. Verben

6.3.1. Verben mit konstruktionsabhängigen Bedeutungsvarianten

Manche Verben sind je nach der grammatischen Umgebung unterschiedlich zu übersetzen, z. B. nach der Anzahl der Ergänzungen, dem Kasus oder der Konstruktion der Ergänzung.
Beispiele: adesse, consulere, persuadēre

multi aderant. amicus mihi aderit.	Viele waren anwesend. Mein Freund wird mir helfen.
te consulo, quid mihi faciendum sit.	Ich frage dich (um Rat), was ich tun soll.
rei publicae male consuluit.	Er sorgte schlecht für den Staat.
philosophi quidam voluerunt persuadere non interire animas.	Einige Philosophen wollten (ihre Schüler) davon überzeugen, daß die Seele nicht untergehe.
Themistocles persuasit populo, ut classis aedificaretur.	Themistokles überredete das Volk, eine Flotte zu bauen.

Weitere Verben dieser Art:

committere	aliquid	veranstalten
	alicui aliquid	jmdm. etwas anvertrauen
contendere	–	eilen
	cum aliquo	kämpfen mit jmdm.
	mit Inf.	sich anstrengen, eilen zu tun
	mit ACI	(mit Nachdruck) behaupten, daß
	mit ut-Satz	(mit Nachdruck) fordern, daß
providēre	aliquid/ACI	vorhersehen etwas/daß
	alicui	sorgen für jmdn.
	aliquid	etwas besorgen
timēre	aliquid	etwas fürchten
	alicui/alicui rei	um jmdn./etwas fürchten
	mit ne-Satz	fürchten, daß
praebēre	alicui aliquid	jmdm. etwas gewähren
	se mit Prädikatsnomen im Akk.	sich erweisen/zeigen als
praestare	aliquid	etwas leisten (z. B. Dienst)
	alicui (aliqua re)	jmdn. (in etwas) übertreffen
praestat	mit Inf/ACI	es ist besser zu/daß
monēre	aliquem de aliqua re	jmdn. an etwas erinnern
	aliquem mit ACI	jmdn. erinnern, daß
	aliquem mit ut-Satz	jmdn. ermahnen zu
concedere	mit ACI	zugeben, daß
	(alicui) ut	(jmdm.) erlauben zu
reddere	(alicui) aliquid	(jmdm.) etwas zurückgeben, erstatten
	aliquem mit Prädikatsnomen im Akk.	jmdn. zu etwas machen

Die Konstruktionsvariante ACI (abhängige Aussage) — ut-Satz (Wunsch) ist bei vielen Verben aus dem Bedeutungsbereich des Sagens möglich (vgl. Tabelle 5.2.1. Nr. 4 und Nr. 16).

6.3.2. Verbformen

6.3.2.1. Besondere Übersetzungen aktivischer Verbformen

a) Bei Verbformen im Aktiv ist meistens als Subjekt genannt oder an der Personalendung und dem Kontext erkennbar, *wer* die Handlung vollzieht. Bisweilen ist jedoch aus dem Zusammenhang ersichtlich, daß das Subjekt die Handlung nicht selbst ausführt, z. B.:

Xerxes pontem per Hellespontum fecit.	Xerxes ließ eine Brücke über den Hellespont bauen.
Nero urbem incendit.	Nero hat Rom anzünden lassen.

Das Subjekt des Satzes wird als Täter genannt, auch wenn andere die Ausführung der Tat besorgen müssen. — In der Übersetzung wird das durch die Umschreibung mit „lassen" ausgedrückt.

b) Bisweilen ist trotz einer bestimmten Personalendung gar nicht an ein bestimmtes Subjekt gedacht (deutsch: **„man"**), z. B.:

— Zur *3. Person Sing.* ist das Subjekt durch ein unbestimmtes Pronomen nur unklar angedeutet, z. B.:

facile quispiam credat . . .	Leicht könnte man glauben . . .

— Bei Verben, die alltägliche Handlungen bezeichnen wie **dicere, currere, audire** sind zur *3. Person Plur.* im Kontext keine Subjektpersonen genannt oder erschließbar, sondern nur allgemein **„die Leute"** gemeint, z. B.:

Mucius Scaevola dixit: „Romanus sum; Mucium me vocant."	Mucius Scävola sagte: „Ich bin römischer Bürger, man nennt mich Mucius."

— In der *2. Person Sing.* — vor allem beim Konjunktiv mit potentialem semantischen Wert — richtet sich die Anrede nicht an eine bestimmte Person, vielmehr kann jede beliebige Person gemeint sein, die in der Vorstellung des Sprechers existiert, z. B.:

in excitando plurimum valet, si laudes eum, quem cohorteris.	Beim Anfeuern ist es besonders wirksam, wenn man den lobt, den man ermahnen möchte.
unum cum noveris, omnes noveris.	Wenn man einen kennt, kennt man alle.

— Mit der *1. Person Plur.* meint der Sprecher eine unbestimmte Menge, in die er sich selber einschließt, z. B.:

sermone eo debemus uti, qui innatus est nobis, ne aliena verba inculcantes rideamur.	Man soll die Muttersprache benutzen, damit man nicht verlacht wird, wenn man Fremdwörter einflicht.

6.3.2.2. Besondere Übersetzungen passivischer Verbformen

a) Beim Verb im Passiv steht die Information, an wem sich eine Handlung vollzieht, im Vordergrund. Dabei muß nicht angegeben werden, *von wem* die Handlung ausgeführt wird: Das Passiv erlaubt es, den ,,Täter zu verschweigen'', z. B.:

olim pueri virgis caedebantur. (olim magistri pueros virgis caedebant.)	Einst wurden Jungen mit Ruten geschlagen. (Einst schlugen Lehrer Jungen mit Ruten.)

Wenn der Täter bei passivischer Verbform doch genannt wird, geschieht das meistens durch das Adverbativ (Adverbial) Täter/Ursache, z. B.:
olim pueri a magistris virgis caedebantur.

b) Im Deutschen ist eine aktivische Formulierung gebräuchlicher, wenn sie möglich ist. Daher ergeben sich verschiedene Übersetzungsvarianten lateinischer Passivformen (einschließlich passivischer Partizipialformen):

Passivische Sätze mit Täterangabe

Romanos apud Cannas a Carthaginiensibus victos esse constat.	Bekanntlich haben die Karthager die Römer bei Cannä geschlagen.
latrones impetu pastorum valde territi sunt.	Der Angriff der Hirten erschreckte die Räuber sehr.

Die lateinische passivische Formulierung *mit* Täternennung kann in der Übersetzung in einen aktivischen Satz umgeformt werden.

Bei einem Ablativus absolutus ist das Subjekt des übergeordneten Prädikats häufig auch der Täter der im PPP ausgedrückten Handlung, z. B.:

Troia capta Graeci nemini pepercerunt.	**Als die Griechen Troia erobert hatten, schonten sie niemanden.**

Passivische Sätze ohne Täterangabe — Übersetzung mit ,,man"

libri leguntur.	Man liest Bücher.
ubique laudaris.	Man lobt dich überall.
atrociter pugnatum erat.	Man hatte erbittert gekämpft.
nunc est bibendum.	Jetzt soll man trinken.

Bei der Übersetzung mit ,,man'' bleibt die handelnde Person genau so unbestimmt wie in der lateinischen Formulierung. — Diese Übersetzung ist oft auch angebracht, wenn das Gerundivum als Prädikatsnomen ohne Täterangabe erscheint.

Passivische Sätze ohne Täterangabe — intransitive/reflexive Übersetzung

equo vehuntur.	Sie reiten.
curru vehitur.	Er fährt mit dem Wagen.
conclusa aqua facile corrumpitur.	Stehendes Wasser verdirbt leicht.
aestate pueri in fluminibus perluuntur.	Im Sommer baden Jungen in Flüssen.
pueri consueverunt in fluminibus frigidissimis lavari.	Die Jungen sind es gewohnt, sich in eiskalten Flüssen zu waschen.

Solche intransitiven oder reflexiven Übersetzungen sind möglich, wenn derjenige, *an dem* die Handlung *vollzogen wird,* zugleich derjenige ist, *der* sie *vollzieht.* — In der reflexiven Formulierung kommt die Identität von Betroffenem und Täter besonders stark zum Ausdruck.

Passivische Sätze ohne Täterangabe — umschreibende Übersetzungen

Appius Claudius Caecus in curiam ductus est.	Appius Claudius Caecus ließ sich in die Kurie führen.
cogor, quem laudavi semper, reprehendere.	Ich sehe mich gezwungen, den zu tadeln, den ich immer gelobt habe.

Passivische Verbformen können auch durch Umschreibungen mit **„sich lassen, sich sehen, sich fühlen"** u. ä. wiedergegeben werden.

c) Ob man bei passivischen lateinischen Sätzen eine aktivische, passivische, intransitive oder reflexive Übersetzung wählt, hängt vom Kontext und von der Auswahl des deutschen Verbs ab, z. B.:

quod semper movetur, id aeternum est; quodque ipsum agitatur alicunde, quando finem habet motus, vivendi finem habeat necesse est; solum igitur, quod se ipsum movet, quia numquam deseritur a se, numquam ne moveri quidem desinit; quin etiam ceteris, quae moventur, hoc principium est movendi.	Was sich immer bewegt, ist ewig; was selbst von anderswoher bewegt wird, muß notwendig dann ein Ende des Lebens haben, wenn es ein Ende der Bewegung hat; nur das also, was sich selbst bewegt, wird niemals aufhören sich zu bewegen, weil es sich selbst niemals im Stich läßt. Es ist sogar der Grund der Bewegung für alles andere, was sich bewegt.
turba atque seditionibus aluntur sine cura, quoniam egestas facile habetur sine damno.	Sie finden auch in Tumult und Aufruhr sorglos ihren Lebensunterhalt; denn Armut läßt sich leicht ohne Verlust aushalten.

6.3.3. Tempora: Bedeutungen (semantische Werte)[1]

6.3.3.1. Präsens

Im **Präsens** stehen

a) Aussagen über Zustände oder Vorgänge die zeitlich in der Gegenwart (des Sprechers) andauern bzw. ablaufen oder in die Gegenwart hineinreichen (man kann dieses Präsens **„zeitliches Präsens"** nennen), z. B.:

quis hic habitat? valet.	Wer wohnt hier? Er ist gesund.

b) Aussagen, die überhaupt keine zeitlich-realen Vorgänge, sondern gedankliche Sachverhalte bezeichnen (man kann dieses Präsens **„überzeitliches Präsens"** nennen), z. B.:

ut magistratibus leges, ita populo praesunt magistratus. omnibus moriendum est.	Wie den Beamten die Gesetze, so sind dem Volk die Beamten übergeordnet. Alle müssen sterben.

c) Aussagen, in denen vergangene Ereignisse lebhaft vergegenwärtigt werden — wobei der Kontext selbst oft in der Zeitstufe der Vergangenheit geschrieben ist[2]. Dieses Präsens wird als **„dramatisches"** oder **„historisches Präsens"** bezeichnet.

Der Tempuswechsel kann, aber muß nicht im Deutschen nachvollzogen werden, z. B.:

perfugae postquam murum arietibus feriri viderunt, aurum et argentum in domum regiam comportant.	Nachdem die Flüchtlinge gemerkt hatten, daß die Mauer mit Sturmböcken bearbeitet wurde, brachten sie ihr Gold und Silber in das Königshaus.

---

1 Zur Zeitenfolge vgl. 5.0.4.3.

2 In lebhafter Darstellung finden wir statt der Vergangenheitstempora oder des dramatischen Präsens manchmal auch den Infinitiv des Präsens. Er dient dazu, Einzelheiten in rascher Folge und kürzester Form zu berichten (**„historischer Infinitiv"**), z. B.:

socii metu perterriti a periculis aberant. at Romani domi militiaeque intenti parare, hostibus obviam ire, libertatem patriam armis tegere. post, ubi pericula virtute propulerant, sociis auxilia portabant.	Die Bundesgenossen hielten sich furchtsam fern von Gefahren. Aber die Römer, schlagfertig in Krieg und Frieden, rüsteten, zogen dem Feind entgegen, schützten Freiheit und Vaterland mit Waffen. Wenn sie dann die Gefahr mit ihrer Tapferkeit abgewehrt hatten, brachten sie den Bundesgenossen Hilfe.

6.3.3.2. Imperfekt

Das **Imperfekt** bezeichnet Vorgänge oder Zustände der Vergangenheit in ihrer Dauer oder ihrem Verlauf (lineare Aktionsart), insbesondere:

a) Zustände oder noch nicht abgeschlossene Vorgänge, die oft den Hintergrund aktueller Geschehnisse bilden (**,,duratives Imperfekt''**), z. B.:

ante oppidum planities patebat. Helvetii Haeduorum agros populabantur; quamobrem Haedui legatos ad Caesarem miserunt rogatum auxilium.	Vor der Stadt (deren Bestürmung erzählt wird) dehnte sich eine Ebene aus. Die Helvetier verwüsteten die Felder der Häduer; deshalb schickten die Häduer Gesandte zu Cäsar, um ihn um Hilfe zu bitten.

b) wiederholt oder regelmäßig geschehende Vorgänge (**,,iteratives Imperfekt''**), z. B.:

Romae quotannis duo consules creabantur.	In Rom wurden jährlich zwei Konsuln gewählt.

c) Handlungen, die nur versucht, aber nicht vollendet werden (sog. **Imperfectum de conatu**), z. B.:

quid est, Catilina? num dubitas id me imperante facere, quod iam tua sponte faciebas?	Was ist, Catilina? Zögerst du etwa auf meine Aufforderung hin zu tun, was du von selbst schon tun wolltest?

6.3.3.3. Perfekt

Das **Perfekt** bezeichnet

a) Einmalige oder nacheinander ablaufende Ereignisse innerhalb einer Erzählung mit Vergangenheitstempora (punktuelle Aktionsart: **,,historisches''** oder **,,erzählendes Perfekt''**); oft werden diese Geschehnisse von einer Hintergrundshandlung im Imperfekt oder Plusquamperfekt abgehoben, z. B.:

Regulus Carthaginem rediit. neque vero ignorabat se ad supplicium proficisci; sed ius iurandum conservandum putabat.	Regulus ging nach Karthago zurück. Dabei wußte er genau, daß er zur Hinrichtung gehe; aber er meinte, seinen Eid halten zu müssen.

Das historische Perfekt wird im Deutschen mit der ,,einfachen Vergangenheit'' (Präteritum) wiedergegeben.

b) Ereignisse, die von der Gegenwart aus als Fakten konstatiert oder beurteilt werden, gleichgültig, ob sie länger oder kürzer dauern, ob sie einmal oder wiederholt geschehen **(„konstatierendes Perfekt")**, z. B.:

servus es, liber fuisti. Agamemno vix decem annis unam cepit urbem. deus mundum creavit et regit.	Sklave bist du, frei bist du gewesen. Agamemnon hat in zehn Jahren mit Mühe eine einzige Stadt erobert. Gott hat die Welt geschaffen und lenkt sie.

Das konstatierende Perfekt wird im Deutschen meistens mit der „zusammengesetzten Vergangenzeit" (Perfekt) wiedergegeben.

c) den gegenwärtig erreichten Zustand **(„resultatives Perfekt")**, z. B.:

delenda est vobis illa macula, quae penitus iam insedit in populi Romani nomine ac nimis inveteravit. Gallia est omnis divisa in partes tres, ...	Austilgen müßt ihr den Makel, der sich schon ganz tief in den Namen des römischen Volkes eingefressen hat und schon allzu verwurzelt ist. Gallien insgesamt ist in drei Teile geteilt, ...

Das resultative Perfekt wird im Deutschen entweder mit dem Perfekt oder einem (Zustands-)Präsens wiedergegeben.

Für folgende und ähnliche Perfekte ist die Übersetzung mit dem Präsens üblich:

nōvī	(von nōscere – „kennenlernen")	ich kenne, weiß
cōnsuēvī	(von cōnsuēscere – „sich gewöhnen")	ich pflege (zu tun)
cōnstitī	(von cōnsistere – „sich aufstellen")	ich stehe
īnsēdī	(von īnsidere – „sich hineinsetzen")	ich sitze darin

6.3.3.4. Futur I und Futur II

Futur I und II werden im Deutschen oft ohne ausdrückliche Bezeichnung des Zukünftigen wiedergegeben, z. B.:

non quiescam, priusquam fratrem liberavero. ubi cognovero, quid senatus decreverit, tibi scribam.	Ich ruhe nicht (werde nicht ruhen), bevor ich den Bruder befreit habe. Sobald ich erfahre, was der Senat beschließt, schreibe ich dir.

6.3.4. Modi

Zusammenfassung über das Auftreten des Konjunktivs im Lateinischen und im Deutschen

a) Im Lateinischen kann der Konjunktiv oft andeuten, daß die Aussage von subjektiven Vorstellungen über die Wirklichkeit bestimmt ist. Zu solchen Vorstellungen gehören (in Klammern ist der jeweilige semantische Wert angegeben):
— Wünsche, Aufforderungen, Befürchtungen (optativisch)
— die Absicht, mit der etwas getan wird (final)
— die Meinung, daß der Inhalt der Aussage nur im Bereich des Möglichen liegt (potential)
— das gedankliche Durchspielen eines Vorgangs, der in Wirklichkeit nicht eintritt („was wäre, wenn ...") (irreal)
— die Anzeige von inneren Zusammenhängen, die zwischen zwei Vorgängen gesehen werden, und zwar:
eine Grund-/Ursache-Beziehung (kausal)
eine Folge-Beziehung (konsekutiv)
eine Gegensätzlichkeit (konzessiv/adversativ)

Daneben gibt es im Lateinischen den Konjunktiv auch in Sätzen, in denen kein semantischer Wert sichtbar ist:
— in abhängigen Fragesätzen,
— in den untergeordneten Sätzen innerhalb einer indirekten Rede.

b) Im Deutschen tritt der Konjunktiv meistens auf, wenn Aussagen oder Gedanken in indirekter Form, als Gedanken eines anderen, wiedergegeben werden. Er steht außerdem regelmäßig, wenn ein Sachverhalt als unwirklich (irreal) dargestellt wird. Zum Ausdruck eines Wunsches wird er nur selten gebraucht.
Im Deutschen wird der Konjunktiv I oft umschrieben, weil er sich von indikativischen Verbformen nicht unterscheidet.

6.3.4.1. Der lateinische Konjunktiv in selbständigen Sätzen

Konjunktiv I als Ausdruck eines *Wunsches* oder einer *Aufforderung* (vgl. 5.1.2.2.)	häufig Umschreibung mit **„mögen, sollen, wollen, laßt uns"** u. ä. oder Indikativ mit Signalwörtern wie **„hoffentlich, wenn doch nur"**
sermo sit lenis minimeque pertinax.	Die Rede sei gemäßigt und keineswegs rechthaberisch (... soll sein; ... möge sein).
utinam nobis contingat, quae in animo habemus!	Möge unser Vorhaben gelingen! (Hoffentlich gelingt ...! Wenn unser Vorhaben nur gelingt!)
superbiam fugiamus!	Laßt uns Überheblichkeit meiden! (Wir wollen ...!)

Konjunktiv II als Ausdruck eines *Wunsches,* der als *unerfüllbar* angesehen wird (vgl. 5.1.2.2.)	Immer Übersetzung mit Konjunktiv II des betreffenden Verbs
utinam ne tam stultus fuissem!	Wäre ich doch nicht so töricht gewesen! (Wenn ich doch nicht so töricht gewesen wäre!)

Konjunktiv I als Ausdruck einer unbestimmten *Möglichkeit* (vgl. 5.1.3.2.)	In der Regel Umschreibung mit Formen wie „könnte, möchte" oder Indikativ mit Signalwörtern wie „vielleicht, doch wohl" u. ä.
hac de disciplina aliud tempus fuerit dicendi.	Über diese Lehre könnte man zu anderer Zeit sprechen. (Über diese Lehre zu sprechen, ist wohl/vielleicht ein andermal Gelegenheit.)

Konjunktiv I als Ausdruck unsicherer *Überlegung* (vgl. 5.1.1.5.)	Kein Konjunktiv, meist Umschreibung mit „sollen, können"
quo me vertam?	Wohin soll ich mich wenden?

6.3.4.2. Der lateinische Konjunktiv in untergeordneten Sätzen[1]

a) Der **Konjunktiv** in untergeordneten Sätzen wird in der Regel durch **indikativische oder infinitive Verbformen** wiedergegeben, z. B.:

opto, ut veri tantum amici domum meam intrent. (Wunschsatz)	Ich wünsche, daß nur echte Freunde mein Haus betreten.
metuo, ne sero veniam. (Befürchtungssatz)	Ich fürchte, zu spät zu kommen (daß ich zu spät komme).
rem publicam ita corrupit, ut ea restitui in antiquum statum nullo modo posset. (Konsekutivsatz)	Er richtete den Staat so zugrunde, daß er überhaupt nicht mehr in den alten Zustand zurückgebracht werden konnte.
Socrates cum facile posset e custodia educi, noluit. (Konzessivsatz)	Obwohl Sokrates leicht aus dem Gefängnis befreit werden konnte, wollte er nicht.
nescio, utrum id rectum sit an falsum. (Fragesatz)	Ich weiß nicht, ob das richtig oder falsch ist.

1 Über das Auftreten des Konjunktivs in untergeordneten Sätzen vgl. die Tabellen 5.2.1. und 5.2.2.

b) Abweichend von der unter a) gegebenen Grundregel wird der lateinische **Konjunktiv** in untergeordneten Sätzen auch im Deutschen durch einen **Konjunktiv** in folgenden Fällen wiedergegeben:

Konjunktiv II in Haupt- und/oder Nebensatz mit dem semantischen Wert *irreal*	Immer Übersetzung mit Konjunktiv II
philosophia tanto in honore numquam fuisset, nisi doctissimorum contentionibus viguisset.	Die Philosophie hätte niemals in solchem Ansehen gestanden, wenn sie sich nicht durch die Diskussionen hochgelehrter Männer durchgesetzt hätte.

Konjunktiv I in Haupt-und/oder Nebensatz mit dem semantischen Wert *potential*	Konjunktiv, aber oft Umschreibungen mit „können, mögen, wollen"
dies deficiat, si enumerem causas malorum.	Der Tag verginge wohl (könnte vergehen), wenn ich die Ursachen der Übel aufzählte (aufzählen wollte).

Konjunktiv I/II als Ausdruck eines Wunsches *(optativisch/final)*	Gelegentlich Konjunktiv oder häufiger Umschreibungen mit „sollen"
legatos miserunt, qui pacem componerent.	Sie schickten Gesandte, die den Friedensvertrag schließen sollten.

Beachte: In untergeordneten Sätzen tritt im Deutschen der Konjunktiv wie im Lateinischen auf, wenn der Inhalt nicht als Tatsache sondern als *Meinung oder Äußerung des Sprechenden oder Handelnden* dargestellt wird, z. B.:

Athenienses Socratem capitis damnaverunt, quod iuvenes corrumperet.	Die Athener verurteilten Sokrates zum Tode, weil er (nach ihrer Meinung) die Jugend verderbe (verdarb).

6.3.4.3. Indirekte Rede

Sowohl der Infinitiv des ACI als auch der Konjunktiv der untergeordneten Sätze innerhalb der indirekten Rede werden konjunktivisch übersetzt, wenn die Rede in indirekter Form wiedergegeben wird (vgl. 5.2.3.), z. B.:

(Caesar animos confirmavit ...) quodsi nemo sequatur, se cum sola decima legione iturum, de qua non dubitaret, sibique eam praetoriam cohortem futuram.	(Cäsar ermutigte sie ...) Wenn aber niemand folge, so werde er allein mit der zehnten Legion aufbrechen, an der er nicht zweifele, und diese werde seine Leibgarde.

6.3.4.4. Konjunktivische Übersetzung lateinischer Indikative

a) In Ausdrücken aus dem Bedeutungsbereich des Sollens, Müssens, Könnens verwenden wir im Deutschen manchmal den Konjunktiv, auch wenn im lateinischen Text der Indikativ steht, z. B.:

amicus debuit officiosior esse, et id ipsum, quod fecit, potuit diligentius facere.	Dein Freund hätte gefälliger sein müssen, und gerade das, was er tat, hätte er sorgfältiger machen können.

b) In Redewendungen im Perfekt mit **prope** oder **paene** wird der lateinische Indikativ im Deutschen oft konjunktivisch wiedergegeben, z. B.:

paene cecidi.	Beinahe wäre ich gefallen.
prope tua me perdidit neglegentia.	Deine Nachlässigkeit hätte mich fast zugrunde gerichtet.

c) Bei verneinten Redewendungen aus dem Bedeutungsbereich des Glaubens, Meinens, Wissens wird im Deutschen oft der Konjunktiv verwendet, wo im Lateinischen der Indikativ auftritt, z. B.:

te tam mobili in me esse animo non arbitratus sum.	Daß du so unbeständig mir gegenüber wärest, hätte ich nicht geglaubt.
quis id ignorat!	Wer wüßte das nicht!

6.4. Partizipien und nd-Formen

6.4.1. Übersetzung von Partizipialkonstruktionen

Vorbemerkung:

Durch die verschiedenen Partizipformen wird die dargestellte Handlung folgendermaßen charakterisiert:

— eine noch unvollendete oder noch in der Entwicklung befindliche Handlung — durch das Partizip Präsens Aktiv (und Gerundivum),
— eine vollendete Handlung oder ein inzwischen eingetretener Zustand — durch das Partizip Perfekt Passiv (einschl. Deponens)
— eine bevorstehende Handlung — durch das Partizip Futur Aktiv.

Aus dieser Bedeutung der Partizipien ergibt sich, daß sie auch einen Zeitbezug zur Haupthandlung anzeigen: Gleichzeitigkeit, Vorzeitigkeit, Nachzeitigkeit (vgl. 5.0.4.3.).

Partizipien können auf mehrfache Weise übersetzt werden:

a) „wörtlich" mit einem Partizip (sehr selten angemessen), z. B.:

melior est certa pax quam sperata victoria.	Ein gewisser Friede ist besser als ein erhoffter Sieg.
lectionem repetentes in aula ambulabant.	Ihre Lektion wiederholend gingen sie auf dem Hof herum.

Meistens wird ein Partizip freier übersetzt[1], vergleiche dazu die Übersetzungen b)-e) zu den Beispielsätzen 1) und 2):

1) **Tarquinius Ardeam frustra oppugnans imperium perdidit.**
2) **Hannibal nuntiato hostium adventu castra movit.**

b) durch einen Relativsatz (selten angemessen):

1) **Tarquinius, der die Stadt Ardea vergeblich belagerte, verlor seine Herrschaft.**
2) Übersetzung mit RS nicht möglich (Ablativus absolutus)

c) durch einen adverbativen (adverbialen) Nebensatz:

1) Tarquinius verlor seine Herrschaft, weil/während er Ardea belagerte.
2) Hannibal rückte vor als/nachdem/weil/obwohl ihm die Ankunft der Feinde gemeldet wurde (worden war).

d) durch eine nominale Wendung:

1) Aufgrund/während der erfolglosen Belagerung von Ardea verlor Tarquinius seine Herrschaft.
2) Nach/aufgrund/trotz der Meldung von der Ankunft der Feinde rückte Hannibal vor.

e) durch einen selbständigen Satz (Beiordnung):

1) Tarquinius belagerte erfolglos Ardea; dabei/dadurch verlor er seine Herrschaft.
2) Die Ankunft der Feinde wurde Hannibal gemeldet; darauf/deswegen/dennoch rückte er vor.

Bei der Übersetzung müssen der semantische Wert (je nach Kontext) und der Zeitbezug der Partizipformen[2] zum Ausdruck gebracht werden:

- bei Nebensätzen durch die Konjunktion, wenn möglich, durch die Zeitstufe des Verbs,
- bei parataktischer Übersetzung durch die verbindende Partikel,
- bei nominalen Wendungen durch die Präposition.

f) Gelegentlich findet sich auch unter den dargestellten Möglichkeiten a) bis e) keine angemessene Übersetzung, z. B.:

olim mulier ad regem Tarquinium venit libros novem portans.	Einst kam eine Frau mit neun Büchern zum König Tarquinius.
Rhea timore perterrita ignotum invocavit deum.	In ihrer großen Angst rief Rhea den unbekannten Gott an.

In solchen Fällen handelt es sich meistens um Partizipien wie **ducens, portans, tenens** oder (nach einem Nomen im Ablativ mit kausalem semantischen Wert) **commotus, adductus.** Es empfiehlt sich oft, diese Partizipien gar nicht oder durch eine Verstärkung des den Grund angebenden Nomens (z. B. **ira inflammatus** – „in heißem Zorn") zu übersetzen.

---

1 Das ist vorzuziehen, weil die „wörtliche Übersetzung oft steif wirkt, weil sie die semantischen Werte bei prädikativen Partizipien nicht hinreichend deutlich macht, weil schließlich ein Ablativus absolutus kaum wörtlich wiedergegeben werden kann.

2 Man sollte z. B. nicht versuchen ein Partizip Präsens mit **„nachdem, nach"** oder einem Vorzeitigkeitstempus wiederzugeben.

6.4.2. Übersetzung von nd-Formen

Je nach der Funktion im Text unterscheiden wir die **substantivische nd-Form (Gerundium)** und die **adjektivische nd-Form (Gerundivum).**

a) Substantivische nd-Form (Gerundium)

hominis mens discendo alitur et cogitando.	Der Verstand des Menschen entwickelt sich durch Lernen und Denken.
rapiditate fluminis ad transeundum impediti sunt.	Durch die reißende Gewalt des Flusses wurden sie am Übergang gehindert.
filia cupida erat celeriter multa discendi.	Die Tochter brannte darauf, schnell vieles zu lernen.

Wenn eine nd-Form im Singular nicht mit einem Beziehungswort kongruiert, ist oft eine substantivische nd-Form (Gerundium) darin zu vermuten. Das Gerundium vertritt die deklinierten Kasus des Infinitivs und kommt nur in Singularformen des Genus neutrum vor: im Genitiv und Ablativ häufig, im Dativ selten, im Akkusativ nur nach Präpositionen (also nur in Formen mit den Endungen **-i, -o, -um**).
In der Übersetzung kann man neben dem reinen oder dem substantivierten Infinitiv auch vom jeweiligen Verb abgeleitete Substantive verwenden.

b) Adjektivische nd-Form (Gerundivum)[1]
Die adjektivische nd-Form erscheint in allen Kasusformen der a/o-Deklination.

Adjektivische nd-Form (Gerundivum) als Prädikatsnomen

praeponenda est divitiis gloria.	Ruhm ist dem Reichtum vorzuziehen.
labores non fugiendos (esse) haud libenter accipimus.	Wir hören nicht gern, daß wir Anstrengungen nicht ausweichen dürfen.
imprimis est videndum eis, qui rem publicam administrant, ut suum quisque teneat.	Staatsbeamte sollen vor allem darauf sehen, daß jeder das Seine behält.
tamdiu discendum est, quamdiu vivis.	Man muß so lange lernen, wie man lebt. (Du mußt . . ., wie du lebst.)

Als Prädikatsnomen (nur im Nominativ und Akkusativ) drückt die nd-Form eine Notwendigkeit aus: Die im zugrundeliegenden Verb genannte Handlung *soll/muß* durchgeführt werden, bzw. *darf nicht* vollzogen werden.
Der Täter einer solchen Handlung wird in der Regel im Dativ genannt.
Das Gerundivum mit der Bedeutung der Notwendigkeit tritt manchmal ohne Beziehungswort auf, d. h. unpersönlich (neutral).
Im ACI fehlt häufig der Infinitiv von esse bei Verwendung der adjektivischen nd-Form als Prädikatsnomen.

1 Hierzu vgl. Tabelle 5.2.2. Nr. 28.

Adjektivische nd-Form (Gerundivum) als prädikatives Partizip

flagitiosum est ob rem iudicandam accipere pecuniam.	Es ist schändlich, für eine Gerichtsentscheidung Geld anzunehmen (... wegen einer Sache, die noch vor Gericht entschieden wird).
dux urbe defendenda magnam gloriam sibi parere studuit.	Der Feldherr strebte danach, durch die Verteidigung der Stadt großen Ruhm zu gewinnen (... durch die Stadt, die verteidigt wurde).
exercendae memoriae gratia commemoro vesperi, quid quoque die dixerim atque egerim.	Zur Übung des Gedächtnisses überdenke ich abends, was ich an jedem Tage gesagt und getan habe (... wegen des Gedächtnisses, das dabei geübt wird)

In prädikativer Funktion (wie ein Partizip oder Adjektiv) bedeutet die nd-Form, daß an der Sache, die mit dem Beziehungswort bezeichnet ist, eine Handlung (noch) vollzogen wird. Diese Handlung ist gleichzeitig oder nachzeitig zur Handlung des Prädikates des Satzes.[1]
Zur Vorbereitung einer angemessenen Übersetzung empfiehlt es sich, die Konstruktion zunächst so wiederzugeben, daß die Grundbedeutung der prädikativen nd-Form zum Ausdruck kommt. (Über die endgültige Übersetzung mit „Gewichtsverschiebung" vgl. das folgende Kapitel 6.4.3. b)

6.4.3. Übersetzung mit „Gewichtsverschiebung"

a)

nonnulli ex coniuratione deprehensi eum non terruerunt.	Die Verhaftung einiger Mitglieder der Verschwörung schreckte ihn nicht.
Pompeius fugiens homines mirabiliter movit.	Die Flucht des Pompeius regte die Leute in wunderlicher Weise auf.
imperatorem exstinctum laete senatus tulit.	Den Tod des Kaisers nahm der Senat mit Freude auf.

Beim Vergleich der lateinischen Sätze mit der deutschen Übersetzung der Partizipialkonstruktion wird deutlich:

— Im Lateinischen ist der Begriff, der die Sache/Person bezeichnet (**nonnulli, Pompeius**), der grammatisch übergeordnete Satzteil; das Wort für die Handlung, die an dieser Sache/Person vollzogen ist oder sich vollzieht (**deprehendere, fugere**), ist diesem Begriff in Form eines kongruierenden Partizips grammatisch untergeordnet; das Partizip ist Prädikativ:
nonnulli deprehensi – einige, die/weil sie verhaftet wurden
Pompeius fugiens – Pompeius, der/weil er flieht ⇒

1 Über den satzwertigen Gebrauch dieser Konstruktion vgl. Tabelle 5.2.2. Nr. 28.

— Im Deutschen ist der Begriff, der die vollzogene oder sich vollziehende Handlung bezeichnet (**verhaften, fliehen**), grammatisch übergeordnet; inhaltlich gesehen, liegt die Betonung
nicht auf „**einige Mitglieder**", sondern auf „**Verhaftung**",
nicht auf „**Pompeius**", sondern auf „**Flucht**".

In der Übersetzung verschiebt sich also das Gewicht auf den Bestandteil, der in der lateinischen Wendung formal untergeordnet ist; das kongruierende Beiwort im Lateinischen wird in der Übersetzung z. B. zu einem Verbalsubstantiv, dem sich der im Lateinischen übergeordnete Begriff unterordnet:

nonnulli deprehensi – die Verhaftung einiger Mitglieder
Pompeius fugiens – die Flucht des Pompeius

b) Diese Übersetzung mit **„Gewichtsverschiebung"** ist außer beim **prädikativen Partizip** angebracht beim **prädikativen Gerundivum** und beim **Ablativus absolutus,** wenn man diesen nicht mit einem Satz wiedergibt, z. B.:

rex occupatus erat in apparandis nuptiis.	Der König war mit der Vorbereitung der Hochzeit beschäftigt.
sapiens nullo periculo deterretur a contemplandis rebus.	Ein Weiser läßt sich durch keine Gefahr von der Betrachtung der Welt abschrecken.
corvus in voce humana imitanda satis tardum se praebebat.	Der Rabe zeigte sich in der Nachahmung der menschlichen Stimme reichlich langsam.
Aeneas Troia a Graecis expugnata in Italiam venit.	Äneas kam nach der Eroberung Trojas durch die Griechen nach Italien.

Eine solch dominierende Rolle des prädikativen Beiworts ist gelegentlich auch zu beobachten, wenn es in anderer Form, z. B. als Adjektiv, auftritt, z. B.:

augebat metum gnarus Romae seditionis hostis.	Die Tatsache, daß die Feinde vom Aufstand in Rom wußten, vermehrte die Furcht.
multa me deterrent: opes factionum, civium patientia, ius nullum.	Vieles schreckt mich ab: die Macht der Parteien, die Gleichgültigkeit der Bürger, der Zustand der Rechtslosigkeit (das Fehlen des Rechts).

6.5. Relativsätze

6.5.1 „Normalform"

a) Als „Normalform" des Relativsatzes (RS) kann folgende angesehen werden:

- Stellung im Satzgefüge nach dem Beziehungswort
- Numerus- und Genus-Kongruenz des Relativpronomens (RP) mit dem Beziehungswort
- Kasus des Relativpronomens (RP) je nach der Funktion im Relativsatz (RS)

Beispiel:

Num., Gen. Kasus

amicus, cui omnia mea committere potui, mortuus est.

b) Relativsätze können außer mit deutschen Relativsätzen auch in freier oder verkürzter Form wiedergegeben werden; allerdings sollten dabei Funktion und semantischer Wert erkennbar bleiben (zu Funktion und sem. Wert vgl. 5.2.2. Nr. 23 bis 25).

Übersetzungsvarianten:

— durch ein *Adjektiv*, z. B.:

Germani iumenta, quae sunt apud eos nata, parva atque deformia cottidianā exercitatione ad laborem efficiunt.	Die Germanen machten das einheimische kleine und häßliche Zugvieh durch tägliche Gewöhnung fähig zu harter Arbeit.

— durch ein *zusammengesetztes Wort*, z. B.:

sermone eo debemus uti, qui innatus est nobis.	Man soll die Muttersprache benutzen.

— durch ein *Substantiv*, z. B.:

praemia iis, qui optime cecinissent, proposita erant.	Für die besten Sänger waren Belohnungen ausgesetzt.
homini addidit natura rationem, qua regerentur animi appetitus.	Die Natur gab dem Menschen die Vernunft zur Zügelung seines Triebverlangens.

— durch eine *Apposition*, z. B.:

Athenis, quod Atticae caput est, complures dies sum commoratus.	In Athen, der Hauptstadt Attikas, hielt ich mich mehrere Tage auf.

— durch ein *präpositionales Attribut*, z. B.:

gentes, quae trans Rhenum incolebant, auxilium a Romanis petiverunt.	Die Stämme auf der anderen Rheinseite baten die Römer um Hilfe.

6.5.2. Abweichungen von der „Normalform" des Relativsatzes

Übersetzungsschwierigkeiten beim Relativsatz können sich bei Abweichungen von dem Grundmuster (vgl. 6.5.1) ergeben, nämlich wenn im Lateinischen

- für das Relativpronomen (RP) kein Beziehungswort genannt ist,
- das Beziehungswort des Relativpronomens (RP) im Relativsatz (RS) selbst steht,
- der Kasus des Relativpronomens (RP) sich nach Regeln der lateinischen Sprache richtet, die von den Gewohnheiten deutscher Kasusregeln oder Satzbildung abweichen.
- durch das Relativpronomen ein (neuer) Hauptsatz eingeleitet wird („Relativischer Anschluß").

6.5.2.1. Relativsatz ohne Beziehungswort

semper in proelio maximum est periculum, qui maxime timent.	Im Gefecht besteht immer für diejenigen die größte Gefahr, die sich am meisten fürchten.
mercatoribus est aditus, ut, quae bello ceperint, quibus vendant, habeant.	Kaufleute haben Zutritt, damit sie Leute haben, denen sie verkaufen, was sie im Krieg erbeutet haben.

Der Relativsatz übernimmt selbst die Funktion, die das aus dem Kontext zu ergänzende Beziehungswort im übergeordneten Satz hätte. In der Übersetzung muß es oft eingefügt werden.

6.5.2.2. Beziehungswort im Relativsatz

quem virum omnes dilexerunt, mortuus est.	Der Mann, den alle liebten, ist tot.
virgo aquam porrigit, cui viro nubere vult.	Das Mädchen reicht das Wasser dem Mann, den es heiraten will.
quod ius natura in parentes, deos, patriam comparavit, id religiose colendum est.	Das Recht, das die Natur gegenüber Eltern, Götter, Vaterland gestiftet hat, muß gewissenhaft erfüllt werden.
erant itinera duo, quibus itineribus Helvetii domo exire possent.	Es gab zwei Wege, auf denen die Helvetier aus ihrer Heimat auswandern konnten.

Manchmal steht das Beziehungswort zu einem RP im RS selbst; gelegentlich wird es im übergeordneten Satz wiederholt oder durch ein Pronomen wieder aufgegriffen. In der Übersetzung wird das Beziehungswort nur einmal, nämlich im übergeordneten Satz genannt.

6.5.2.3. Prädikatsnomen im Relativsatz

Britannia circumdatur illo mari, quem Oceanum appellamus.	Britannien ist von dem Meer umgeben, das wir Ozean nennen.

Wenn ein substantivisches Prädikatsnomen im RS auftritt (hier: **Oceanum**), zeigt das RP (hier: **quem**) meistens auch im Numerus und Genus Kongruenz mit diesem Prädikatsnomen und nicht mit dem Beziehungswort im übergeordneten Satz (hier: **mari** – neutr.). In der Übersetzung muß die Kongruenz mit dem Beziehungswort wiederhergestellt werden.

6.5.2.4. Das Relativpronomen in typischen lateinischen Konstruktionen

a) Ablativ beim Komparativ

illo templo infixa sunt Phidiae simulacra, quibus nihil in illo genere perfectius est.	An diesem Tempel sind Bildwerke des Phidias angebracht, die in ihrer Art an Vollkommenheit durch nichts übertroffen werden. ... angebracht, das Vollkommenste, das es in ihrer Art gibt. ... angebracht – es gibt nichts Vollkommeneres in ihrer Art.

Bisweilen bezeichnet ein RP im Ablativ den Vergleichsgegenstand beim Komparativ. Diese typische lateinische Konstruktion muß recht frei wiedergegeben werden.

b) Relativpronomen im ACI

Hannibal, quem rem publicam Romanam summum in discrimen adduxisse scimus, nimis cunctabatur urbem ipsam aggredi.	Hannibal, von dem wir wissen, daß er den römischen Staat in äußerste Bedrängnis gebracht hat, zögerte zu lange, die Stadt Rom selbst anzugreifen. Hannibal, der, wie wir wissen, den ... Hannibal, der bekanntlich den ... Wir wissen, daß Hannibal den ..., aber er zögerte ...

Die im RS gegebene Bestimmung zum Beziehungswort ist einem Verb (hier: **scimus**) untergeordnet, das als Ergänzung einen ACI bei sich hat; das RP ist Bestandteil des ACI (meist als „Subjekt" mit ACI). Bei der Übersetzung empfiehlt es sich, die Aussage des ACI aus der Abhängigkeit herauszulösen.

c) Die „**relativische Verschränkung**"

ⓐ ⓑ

1) magna est vis conscientiae. qui eam neglegent, se ipsi iudicabunt.

2) magna est vis conscientiae, quam qui neglegent, se ipsi iudicabunt.

Groß ist die Macht des Gewissens, dessen Verächter sich selbst verurteilen werden.

In der zweiten Version ist das Satzgefüge ⓑ mit dem Satz ⓐ durch ein RP verbunden. Das verbindende RP gehört selbst in den untergeordneten Satz des Satzgefüges ⓑ; sein Kasus wird also durch die Funktion bestimmt, die es in diesem untergeordneten Satz hat (**quam:** hier Objekt zu **neglegent**). Die mit dem RP gemeinte Sache tritt manchmal, wie in diesem Beispiel **conscientia,** im übergeordneten Satz des Satzgefüges ⓑ in keiner Form mehr auf.

Weiteres Beispiel:

ⓐ ⓑ

puer infici debet iis artibus, quas si, dum est tener, combiberit,
ad maiora veniet paratior.

Übersetzungsvorschläge:

— Versuch einer Nachahmung:

Ein Junge soll von solchen Fähigkeiten geprägt werden, die ihn, wenn er sie in frühem Alter aufnimmt, später besser vorbereitet zu größeren Dingen kommen lassen.

— Zusammenfassung des Nebensatzes in einer nominalen Wendung:

Ein Junge soll von solchen Fähigkeiten geprägt werden, deren Erwerb in frühem Alter ihn später . . . kommen läßt.

— Umstellung der Sätze:

Ein Junge soll von solchen Fähigkeiten geprägt werden, die er schon in frühem Alter aufnehmen muß, wenn er später . . . kommen will.

— Beiordnung:

Ein Junge muß von solchen Fähigkeiten geprägt werden, die ihn später . . . kommen lassen; diese soll er (allerdings) in frühem Alter in sich aufnehmen.

Die relativische Verschränkung kann auch in Verbindung mit Partizipialkonstruktionen auftreten, z. B.:

illa tamquam cygnea fuit L. Crassi oratio, quam quasi exspectantes veniebamus in curiam.	Diese Rede war gleichsam der Schwanengesang des Crassus, den wir gewissermaßen erwarteten, als wir in die Kurie kamen.

6.5.2.5. Der „Relativische Anschluß"

multas ad res perutiles sunt philosophorum libri. quos studiose legite! (quos – eos igitur)	Die Bücher der Philosophen sind für viele Dinge sehr nützlich. Lest sie also aufmerksam!
ille augur solus divinandi tenuit disciplinam. quam irridebant quidam philosophi; quibus nulla videbatur in auguriis aut praesensio aut scientia veritatis futurae. (quam – sed eam, quibus – eis enim)	Jener Augur hatte als einziger die Wissenschaft der Weissagung. Darüber aber lachten einige Philosophen. Denn ihnen schien in der Zeichendeutung weder Ahnung noch Wissen von zukünftiger Wahrheit zu sein.

Ein Relativpronomen leitet manchmal auch einen selbständigen Satz ein; es bindet ihn besonders eng an ein Beziehungswort des vorangehenden Satzes an. Man nennt diese Verbindung **„Relativischer Anschluß"**. Im Deutschen wird das Relativpronomen mit einem Demonstrativpronomen wiedergegeben, außerdem wird in der Regel eine beiordnende Partikel hinzugefügt.

6.6. Kongruenz

6.6.1 Normalform

sorores eodem tempore in matrimonium ductae sunt.	Die Schwestern wurden zur selben Zeit geheiratet.
pater et mater mortui sunt.	Vater und Mutter sind tot.

Zusammengehörigkeit von Wörtern in einem Satz, z. B. Subjekt — Prädikat, Prädikatsnomen; Beziehungswort — adjektivisches oder pronominales Attribut, wird in der Regel durch Formübereinstimmung (Kongruenz) angezeigt. Bei Genusverschiedenheit der Beziehungswörter zählt Maskulinum vor Femininum.

quae est causa tristitiae tuae?	Was ist der Grund für deine Traurigkeit?

Ist aber das Subjekt ein Demonstrativ- oder Fragepronomen, so richtet es sich im Lateinischen in der Regel umgekehrt nach dem Prädikatsnomen; im Deutschen wird es im Neutrum wiedergegeben. (Zur gleichen Erscheinung bei Relativsätzen vgl. 6.5.2.3.)

6.6.2. Abweichungen von den Kongruenzregeln

nobilitas rem publicam deseruerunt.	Der Adel (die Adligen) ließ (ließen) den Staat im Stich.
magna pars militum vulnerati aut occisi sunt.	Ein großer Teil der Soldaten wurde verwundet oder getötet.
levissimus quisque novas res malunt.	Gerade die Wankelmütigen wollen lieber etwas Neues.
Cicero sperabat se aliquando cum similibus sui rem publicam defensuros.	Cicero hoffte, den Staat mit Gleichgesinnten einst verteidigen zu können.

Bisweilen richten sich Satzteile in ihrer Form nicht nach der Form des jeweiligen Beziehungswortes, sondern nach dessen Inhalt.
Diese **„Konstruktion nach dem Sinn"** (constructio ad sensum) wird im Deutschen in der Regel nicht nachgeahmt.

6.7. Negationen

a) Verschiebung der Verneinung im Deutschen

ille non est bonus homo.	Er ist kein guter Mensch.
Amulius multos iam menses regnabat, neque ulla pericula timebat.	Amulius herrschte schon viele Monate und fürchtete keine Gefahr.

In der Übersetzung muß die Negation bisweilen zu einem anderen Satzteil als im Lateinischen gezogen werden.
Das gilt besonders bei einigen festen Verbindungen im Lateinischen:

neque quisquam	und niemand	neque umquam	und niemals
neque quicquam	und nichts	neque usquam	und nirgends
neque ūllus	und kein	neque aut ... aut	und weder ... noch

b) neque vero, neque enim usw.

pastor puerum secum portavit, neque vero in silva deposuit.	Der Hirt nahm das Kind mit, er setzte es aber im Walde nicht aus.
habitant hic quaedam mulieres, quas non novisti; neque enim diu huc migraverunt.	Hier wohnen einige Frauen, die du nicht kennst; denn sie sind vor noch nicht langer Zeit hierher gekommen.

In Verbindung mit beiordnenden Konjunktionen wie **enim, vērō, tamen** dient **neque** zur Einleitung von (kausalen, adversativen) Hauptsätzen negativen Inhalts. Die verbindende Partikel **-que** in **neque** wird in diesen Fällen nicht übersetzt.

c) Doppelte Verneinungen

nemo sapiens mortem non contemnit.	Jeder Weise verachtet den Tod.
nihil mihi non placuit.	Alles gefiel mir.

Zwei Verneinungen innerhalb eines Satzes heben sich auf; sie bewirken eine (starke) Bejahung.

Von diesen doppelten Verneinungen (nōn nachgestellt) sind die **Doppelnegationen** zu unterscheiden, vgl. z. B.:

doppelte Verneinung			Doppelnegation	
nēmō nōn	jeder	–	nōnnēmō	mancher
nūllī nōn	alle	–	nōnnūllī	etliche
numquam nōn	immer	–	nōnnumquam	bisweilen

non ignoro quanti eum putetis.	Ich weiß genau, wie sehr ihr ihn schätzt.

Eine Art doppelter Verneinung liegt auch vor, wenn ein negativer Begriff verneint wird. Diese Ausdrucksweise **(„Litotes")** wird gern benutzt, um den entsprechenden positiven Begriff hervorzuheben. In der Übersetzung kann diese Redeweise nachgeahmt oder auf verschiedene Weise wiedergegeben werden, z. B.:

haud difficilis	nicht schwer, sehr leicht	nōn negāre	nicht leugnen, freimütig zugeben
haud parvus	sehr groß	nōn carēre	besitzen

amicitia nisi inter bonos esse non potest.	Freundschaft kann es nur unter Guten geben.
nescio an res publica nulla re magis quam immodica licentia lapsa sit.	Der Staat ist vielleicht durch nichts stärker abgewirtschaftet worden als durch unmäßige Freizügigkeit.

Einige **Redewendungen** können oft in stark verkürzter Form wiedergegeben werden, z. B.:

nōn ... nisī	nur
nihil (aliud) ... nisī	nur, nichts anderes als
haud sciō / nesciō } an	vielleicht
haud sciō / nesciō } an nōn	vielleicht nicht, schwerlich, kaum
nēmō est, quīn[1]	jeder
facere non possum, quīn[2]	ich kann nicht umhin (etwas zu tun), ich muß notwendig (tun)

1 Vgl. 5.2.2. Nr. 24 d).

2 Vgl. 5.2.1. Nr. 9 b).

Wort- und Sachverzeichnis

Stellenangaben in Klammern verweisen auf Stellen, an denen keine detaillierte Behandlung des betreffenden Phänomens sondern nur Beispiele gegeben werden.

B

C

D

E

Q

R